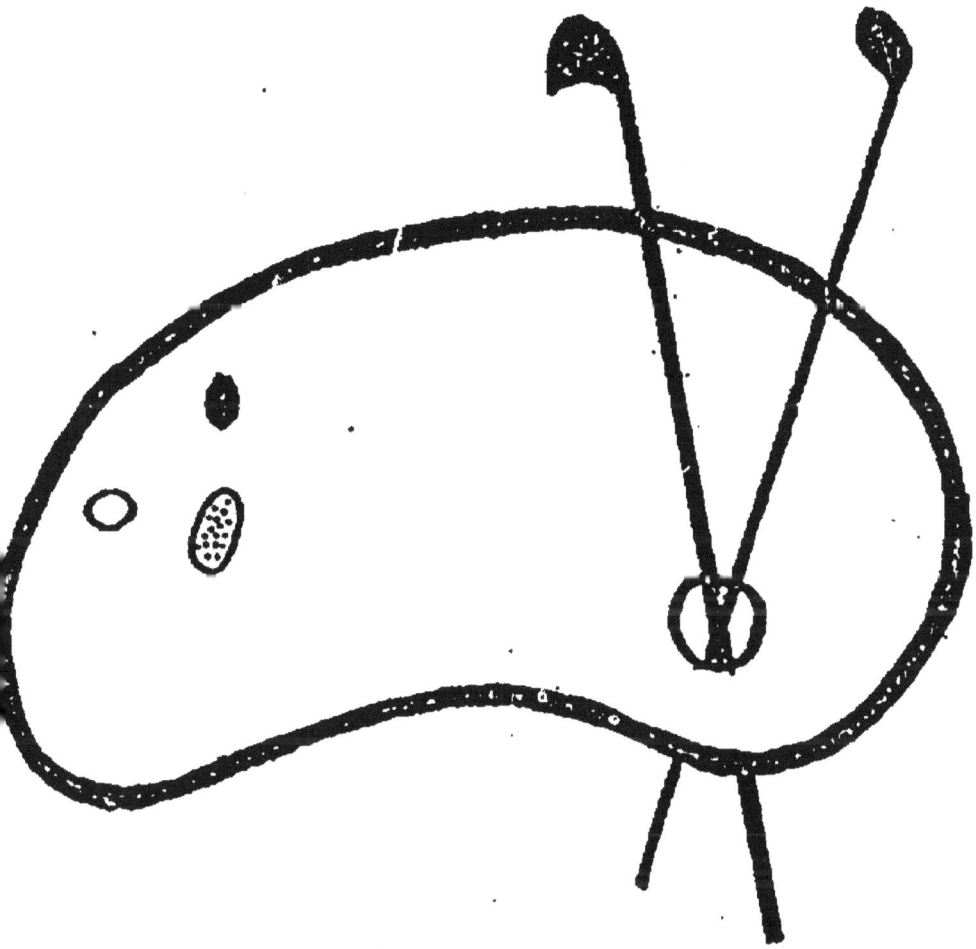

COUVERTURE SUPERIEURE ET INFERIEURE
EN COULEUR

GEORGE SAND

CLAUDIE

DRAME EN TROIS ACTES, EN PROSE

NOUVELLE ÉDITION

M · L

PARIS

MICHEL LÉVY FRÈRES, LIBRAIRES ÉDITEURS

RUE VIVIENNE, 2 BIS, ET BOULEVARD DES ITALIENS, 15

A LA LIBRAIRIE NOUVELLE

—

MDCCCLXVI

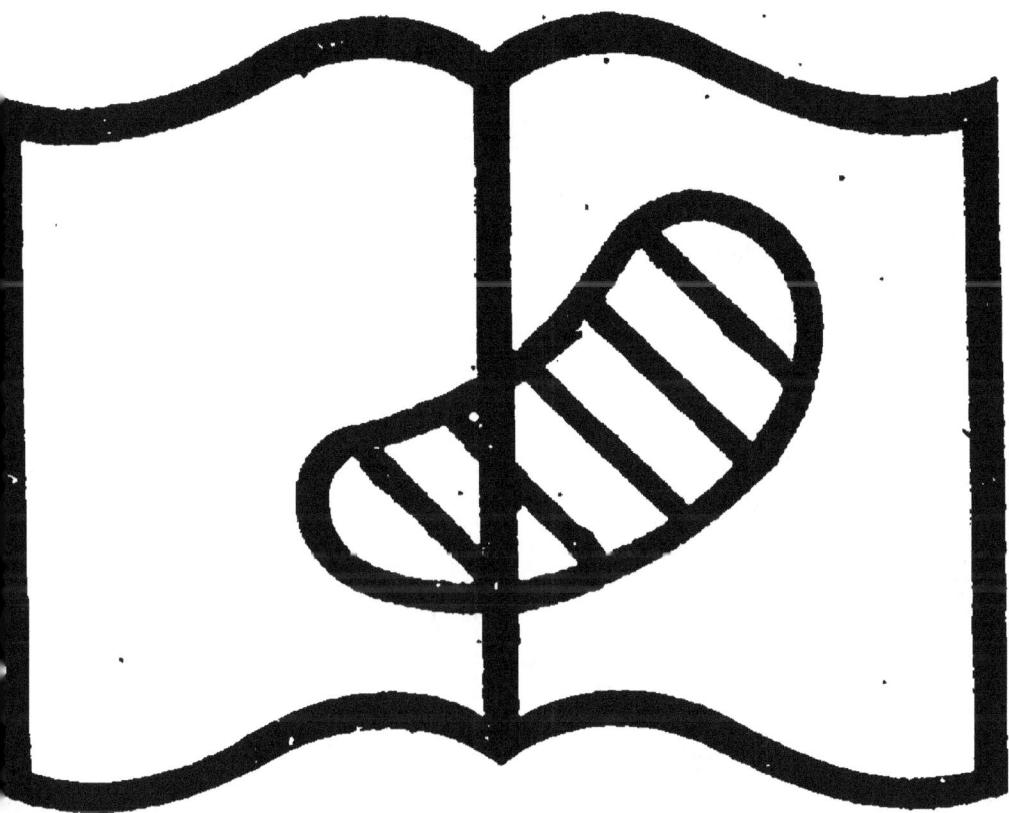

Illisibilité partielle

CLAUDIE

DRAME

Représenté pour la première fois, à Paris, sur le Théât[re]
de la Porte-Saint-Martin, le 11 janvier 1851

LIBRAIRIES DE MICHEL LÉVY FRERES

ŒUVRES
DE
GEORGE SAND

NOUVELLE ÉDITION

Format grand in-18

POISSY. — TYP. ET STÉR. DE A. BOURET.

CLAUDIE

DRAME EN TROIS ACTES

PAR

GEORGE SAND

NOUVELLE ÉDITION

PARIS

MICHEL LÉVY FRÈRES, LIBRAIRES ÉDITEURS

RUE VIVIENNE, 2 BIS, ET BOULEVARD DES ITALIENS, 15

A LA LIBRAIRIE NOUVELLE

—

1866

CLAUDIE

A M. BOCAGE

DIRECTEUR DU THÉATRE DE L'ODÉON.

Mon ami, après la représentation de *Claudie,* comme après
celle de *François le Champi,* j'éprouve le besoin de vous dire
tout haut que c'est à vous, à vos conseils et à vos soins que
je dois la satisfaction du public et la mienne propre.

Ce contentement personnel serait complet, si j'avais pu
refaire ma pièce, pour ainsi dire sous votre dictée, lorsqu'à
Nohant, au coin du feu, vous me l'analysiez à moi-même, en
me montrant le meilleur parti que je pouvais tirer des situa-
tions et des caractères. Mais, comme j'ai fait tout mon possible pour bien écouter et pour bien profiter, je m'applaudis
intérieurement de ma confiance et de ma docilité. Prenez
donc votre part avant moi du succès littéraire de *Claudie;*
car j'ai un vrai, un profond plaisir à reconnaître qu'il vous
appartient dans ce qu'il y a d'essentiel et d'indispensable pour
une œuvre dramatique, la composition et le résumé.

Quant à la science charmante de la mise en scène, tout ce
qui s'occupe de théâtre sait que vous y excellez. Quant au
génie dramatique de l'acteur, les applaudissements et les larmes du public le proclament chaque soir avec plus d'élo-
quence que je ne saurais le faire. Moi aussi, j'ai pleuré en
vous voyant et en vous écoutant : je ne savais plus de qui
était la pièce, je ne voyais et n'entendais que votre douleur

et votre piété, et, comme le cœur saisi et rempli d'émotion ne trouve guère de paroles, ici comme là-bas, je ne sais que vous dire : « Merci, c'est beau, c'est bien, c'est bon. »

Remerciez pour moi aussi ces rares artistes qui ont personnifié, avec tant de conscience et de savoir, les divers types de *Claudie*; M. Fechter, qui a idéalisé celui de Sylvain en lui conservant la vérité, talent hors ligne et incontestable ; madame Génot, la tendre et ardente mère qui, avec l'excellent père Fauveau (M. Perrin), sait faire pleurer à un lever de rideau; la belle madame Daubrun à la voix harmonieuse, au jeu digne dans la franchise et la rondeur; M. Barré, qui ne m'a fait regretter ni désirer rien de mieux pour l'interprétation du rôle de Denis Ronciat; mademoiselle Lia Félix; enfin tous, remerciez-les pour moi, d'avoir fait de *Claudie* un spectacle émouvant et vrai qui leur doit toute la sympathie qu'il obtient.

Et à vous, mon ami, merci surtout, merci encore et toujours, pour le passé, pour le présent et pour l'avenir.

G. S.

Nohant, le 15 janvier 1851.

DISTRIBUTION

LE PÈRE RÉMY, ancien soldat, vieux moissonneur (octogénaire)..	M. BOCAGE.
CLAUDIE, sa petite-fille, 21 ans........................	Mlle LIA FÉLIX.
LA GRAND'ROSE, paysanne riche, propriétaire de la métairie des Bossons, de 25 à 30 ans, belle femme élégante.	Mme DAUBRUN.
FAUVEAU, métayer de la Grand'Rose, paysan aisé, 50 ans.	M. PERRIN.
LA MÈRE FAUVEAU, sa femme, de 45 à 50 ans........	Mme GÉNOT.
SYLVAIN, leur fils, 25 ans............................	MM. FECHTER.
DENIS RONCIAT, paysan faraud, 30 ans...............	BARRÉ.
UN CORNEMUSEUX...................................	BERAUD.

— A la métairie des Bossons*. —

* L'auteur de *Claudie*, ayant donné à ses personnages des noms plus ou moins répandus dans le pays qu'il habite, et familiers à son oreille, ne sup-

ACTE PREMIER

L'intérieur d'une cour de ferme. Un hangar élevé occupe le premier plan et unit deux constructions, dont on voit de chaque côté les portes conduisant dans l'intérieur des logements. Aux autres plans, différentes constructions, comme étables, écuries, pigeonnier. Le fond est fermé par un mur au-dessus duquel on voit la campagne. La porte de droite, au premier plan, où il y a trois marches, est celle du logement de la Grand'Rose. Celle de gauche est la porte du logement des métayers. Un peu au-dessus et presque au milieu du théâtre, est un puits avec une auge à laver. Autour de l'auge ou sur les bords du puits, sont groupés sans ordre des vases rustiques. Sur le devant du même côté, une table, des chaises.

SCÈNE PREMIÈRE

FAUVEAU, ROSE.

FAUVEAU, assis à la table; devant lui est une ardoise encadrée, et près de lui une grande bourse en cuir. Il est en train de compter de l'argent. Il aperçoit la Grand'Rose, qui entre du fond à gauche et qui se dirige vers son logement. — Étonné.

Ah! c'était bien l'heure que vous arriviez, notre maîtresse!

ROSE, sur les marches et se retournant.

Ah! c'est toi, père Fauveau!...

FAUVEAU, se levant. Il boite un peu de la jambe gauche.

Le temps me durait, depuis quinze jours qu'on ne vous a point vue! C'est vrai, je me trouve étrange quand vous n'êtes point à la maison.

ROSE, ôtant son manteau.

Que veux-tu, mon vieux! j'avais ce restant d'affaires à la ville pour la succession de mon mari.

Elle va déposer son manteau dans l'intérieur et revient tout de suite.

---

pose pas que les citoyens de campagne qui portent ces noms pourraient se croire désignés dans un ouvrage de pure invention. Pourtant, s'il en était besoin, il déclarerait, et il déclare d'avance, qu'il les a pris au hasard, et sans connaître aucune particularité à laquelle il ait voulu faire allusion.

FAUVEAU.

Ces affaires-là ne prendront donc point finissement? depuis trois ans que vous êtes veuve !

ROSE.

Tu sais bien, père Fauveau, qu'il faut patienter quand on se met dans les procès! mais, par la grâce de Dieu, m'en voilà débarrassée : j'ai gagné le mien.

FAUVEAU.

Bien gagné, la, en appel ?

ROSE.

En appel !

Elle descend les marches et s'assied près de la table.

FAUVEAU.

Diache! vous voilà riche, à cette heure, madame Rose !... une métairie comme celle-ci ! (Regardant autour de lui avec complaisance.) Et je dis qu'elle est sur un bon pied, la métairie des Bossons, et qu'il y a du plaisir à en être métayer ! Avec les trois locatures qu'on vous contestait,... ça vous fait pas beaucoup moins de trois mille bonnes pistoles au soleil.

ROSE.

Oui, trente mille francs approchant. Ah çà ! où en êtes-vous de la moisson ? avez-vous rentré le tout ?

FAUVEAU.

Ma fine, vous arrivez bien à propos pour la gerbaude, et dans une petite heure d'ici, je crois bien que mon garçon Sylvain viendra vous chercher, s'il vous sait de retour, pour voir lever la dernière gerbe et y attacher le bouquet.

ROSE.

Alors, on dansera et on soupera ?

FAUVEAU, regardant à gauche.

Tout est prêt... Les femmes sont en train de désenfourner, et le cornemuseux est déjà rendu. Ah! l'on comptait bien sur vous, car Denis Ronciat est déjà venu deux fois ce matin, pour savoir si vous étiez arrivée.

ROSE.

Denis Ronciat! de quoi est-ce qu'il se mêle?

FAUVEAU.

Damé! puisqu'on dit que vous vous mariez tous les deux!

ROSE.

Si nous nous marions tous les deux, ça sera chacun de son côté.

FAUVEAU.

Peut-être bien que vous ne voulez point dire ce qui en est. Excusez-moi si je vous offense; mais, pour sûr, vous ne tarderez pas à vous remarier... Ça ne peut guère tourner autrement, à votre âge, riche, belle femme et point sotte que vous êtes! est-ce que vous voilà faite pour rester veuve?

ROSE, se levant.

A vingt-huit ans, ça serait dommage, n'est-ce pas? Eh bien, je ne dis pas non... Mais il me faudrait rencontrer un épouseux à mon idée.

FAUVEAU, avec intention.

Et votre idée, dame Rose, ça serait un joli gars de vingt-cinq ans, bon sujet, courageux au travail, qui soignerait vos biens et qui ne vous mangerait point votre *de quoi*.

ROSE.

Sans doute!

FAUVEAU.

Je veux gager aussi que vous tiendriez à la conduite plus qu'à la fortune, et que vous ne demanderiez pas à vous enrichir autrement que par la prospération de vos biens.

ROSE.

A savoir! je suis en position de doubler mon avoir par un bon mariage, et, si ça se trouvait avec la bonne conduite et le ménagement...

FAUVEAU.

Ah! voilà! c'est le tout d'y tomber! Les garçons riches, voyez-vous, ça aime la dépense et le divertissement;... ça court la ville, les assemblées; ça boit la bière et le café; ça roule partout, hormis au logis; ça ne toucherait pas le man-

che d'une pelle ou les orillons d'une charrue pour tout au
monde... ça fait de rudes embarras et de la pauvre ouvrage!
Votre Denis Ronciat, je vous le dis, moi, au risque de vous
offenser, votre Denis Ronciat ne vous convient point. C'est
un coureux de femmes, une tête à l'évent, un poulain désen-
fargé.

ROSE.

Je sais ça et ne tiens point à lui... Cependant il a des biens
du côté de Joux-les-Bois, des beaux biens, à ce qu'on dit.

FAUVEAU.

Ses biens! ses biens! les connaissez-vous?

ROSE.

Non; j'ai jamais été par là.

FAUVEAU.

Ah! c'est que je les connais, moi! c'est du bien de Cham-
pagne, comme on dit; chéti' pays! terre de varenne! c'est
maigre... Les plus mauvaises terres de chez nous seraient encore de l'engrais pour les meilleures des siennes... Et puis
c'est mal gouverné! un propriétaire qui, depuis quatre ou
cinq ans, ne réside point chez lui! A cause, qu'il ne réside
plus chez lui?

ROSE.

Je ne sais pas... Pour l'instant, il dit que c'est à cause qu'il
est amoureux de moi qu'il s'est établi par ici.

FAUVEAU.

Il n'y a pas cinq ans qu'il vous connaît, il n'y a pas seulement six mois. Et, avant, où a-t-il passé? Partout, excepté
chez lui. Un homme qui ne se plaît point dans son endroit,
c'est pas grand'chose, je vous dis, et peut-être bien que ça a
plus de dettes que de quoi les payer.

ROSE.

Je ne te dis pas non... Ah! c'est diantrement malaisé de
bien choisir.

FAUVEAU, avec intention.

Tenez, sans comparaison, il vous faudrait un homme
comme mon Sylvain.

ROSE.

Tu m'as déjà dit ça. Ton Sylvain est un bon sujet, je ne vas pas contre ; mais qu'est-ce qu'il a ? Ses deux bras, et rien avec.

FAUVEAU.

Et son bon cœur pour vous aimer ?... et sa bonne mine pour vous faire honneur ?... et ses petites connaissances pour régir vos biens ? Savez-vous qu'il lit, écrit et fait les comptes quatre fois mieux que votre Ronciat ?

ROSE.

Je sais qu'il n'est pas bête ni vilain, et qu'une femme n'aurait point à rougir de lui ;... mais il a un défaut, ton Sylvain ! un grand défaut, qui pourrait bien molester le sort d'une femme.

FAUVEAU.

Quel défaut donc que vous lui trouvez ?

ROSE.

Il est... je ne sais comment dire. Il est trop critiquant, trop près regardant à la conduite des femmes. Il n'excuse pas le plus petit manquement, il voit du mal dans tout, il trouve de la coquetterie dans un rien ; enfin, je crois qu'il serait jaloux et querelleux en ménage.

FAUVEAU, embarrassé.

Ah ! pour ça, vous vous trompez bien.

ROSE.

Non ! non ! je le connais, va ! je l'ai observé ! et, ma fine, tant qu'à prendre un homme qui vous fasse enrager, autant vaut le prendre un peu riche.

FAUVEAU.

Je sais bien qu'il ne l'est point ; aussi, je ne vous parle pas de lui. Il n'y prétend rien, lui, le pauvre enfant, il n'oserait. Et si pourtant, il vous aime, voyez-vous ! Il ne donne pas un coup de pioche à vos terres sans avoir dans son idée de vous contenter.

ROSE.

Vrai ? tu crois ?

FAUVEAU.

Et, quand on lui parle de votre mariage avec Denis Ronciat, il prend un souci... On dirait qu'il tremble la fièvre ! (regardant vers le fond.) Tenez, voilà sa mère qui vous le dira tout
comme moi.

ROSE.

Eh ! non ! ne me parlez point de ces badineries-là devant
elle.

SCÈNE II

Les Mêmes, LA MÈRE FAUVEAU.

FAUVEAU, à la mère Fauveau, qui entre du fond et qui se dirige
vers la porte de gauche. Elle porte un grand panier couvert d'une
serviette.

Eh bien, femme, vous ne dites donc rien à notre maîtresse ?
vous ne lui demandez point ses portements ?

LA MÈRE FAUVEAU, qui a déposé son panier près-du puits,
allant à Rose et lui prenant les mains.

Oh ! je l'avais vue avant vous, et les portements de notre
bourgeoise sont écrits tout en fleur sur sa figure.

FAUVEAU, passant à la gauche de Rose, à sa femme.

Ça, c'est bien dit. Mais écoutez donc, femme ! c'est-il pas
vrai que, depuis un tour de temps, notre Sylvain est tout
chose... comme contrarié, comme chagriné, dis ?

LA MÈRE FAUVEAU.

C'est la vérité qu'il n'est pas bien... et j'ai grand'crainte
qu'il ne prenne les fièvres après moisson.

ROSE, qui se trouve au milieu.

Qu'est-ce qu'il a donc ?

LA MÈRE FAUVEAU.

J'en ignore ; c'est un garçon qui ne se plaint ni ne s'écoute.

FAUVEAU.

Ça ne serait-il point qu'il aurait une amour chagrinante
dans la tête ?

ROSE, bas, à Fauveau.

Tais-toi donc!

LA MÈRE FAUVEAU.

J'en ai quasiment souci, à vous dire vrai.

FAUVEAU, à Rose.

Là, je ne lui fais pas dire! Et vous voyez si pourtant que je ne lui fais pas de questions... (A sa femme.) Dites donc, femme...

ROSE.

C'est assez, ça ne me regarde point, vos secrets de famille. Ah çà! où est-il donc, le Sylvain?

LA MÈRE FAUVEAU.

Il est sur le charroi, le dernier charroi de blé de la gerbaude, et il ne tarde que l'heure d'arriver avec la musique et le bouquet.

ROSE, remontant vers le fond.

Je m'en vas au-devant d'eux!

FAUVEAU.

Allez, allez-y, notre maîtresse, ça vous divertira. Excusez-moi si je vous y conduis pas ; vous savez que cette jambe cassée ne me porte pas encore aussi bien que l'autre.

ROSE.

Est-ce que tu en souffres toujours?

FAUVEAU.

Encore un si peu, et je ne suis point solide sur les cailloux ; mais l'ouvrage n'en souffre point...Je bourine dans les bâtiments et Sylvain travaille aux champs pour deux.

ROSE.

Ne te dérange pas, et ne te fatigue point trop ce soir pour la fête... (A la mère Fauveau.) Où sont-ils, les moissonneurs?

LA MÈRE FAUVEAU.

Dans les champs des Pigerattes... A revoir, notre maîtresse!

La Grand'Rose sort par le fond, à gauche.

SCÈNE III

LA MÈRE FAUVEAU, FAUVEAU.

LA MÈRE FAUVEAU, à Fauveau, qui s'est assis à droite.
Lui tapant sur l'épaule.

Qu'est-ce que c'est donc que toutes ces questions-là que vous me poussiez devant la bourgeoise ?

FAUVEAU, se levant et se tâtant le front.

Femme, j'ai une idée !...

LA MÈRE FAUVEAU.

Tant pis ! tu en as toujours trop, et ça te dérange de ton chemin plus que ça ne t'y avance.

FAUVEAU.

Tais-toi, femme, tu n'entends rien aux affaires... Qu'est-ce que tu dirais si je faisais marier notre garçon avec notre maitresse ?

LA MÈRE FAUVEAU.

— Te voilà encore dans tes folletés ! innocent, va !

FAUVEAU.

Je te dis que j'y abotterai ! (Imitant sa femme qui remue la tête.) Faut pas dodeliner de la tête ! La bourgeoise en tient et elle en veut !

LA MÈRE FAUVEAU.

Non, mon homme, vous songez ! La bourgeoise verra bien vite que Sylvain ne veut point d'elle.

FAUVEAU.

Il ne veut point d'elle ? Ma fine, il est bien dégoûté !

LA MÈRE FAUVEAU.

La bourgeoise est jolie, avenante et brave femme s'il en fut ; mais elle a fait un peu parler d'elle, entre nous soit dit.

FAUVEAU.

Bah ! des bêtises !

LA MÈRE FAUVEAU.

Des bêtises, si vous voulez ; mais vous connaissez l'humeur de Sylvain. Il a ses idées, il ne veut point entendre causer sur la femme qu'il regarde, et, si on dit un mot de travers, il tourne sa vue d'un autre côté. Il est plus fier là-dessus que porté sur l'argent. Faites attention à ce que je vous dis, mon vieux, et ne vous fourrez point dans des trigauderies qui ne nous profiteraient point.

FAUVEAU, avec humeur.

Oh! toi, tu ne crois jamais à rien! tu me prends pour une bête!

LA MÈRE FAUVEAU.

Non pas; mais pour un rêveux, un peu finassier, un peu curieux, un peu faliot, enfin! Tu as de l'esprit, au fond, et un bon cœur d'homme... Faut pas gâter ça par des ambitions déplacées.

FAUVEAU.

Est-ce que tu crois que Sylvain serait amoureux par ailleurs, que tu m'as dit oui, quand je t'ai questionné devant la bourgeoise?

LA MÈRE FAUVEAU.

Oui, je le crains...

FAUVEAU.

Tu le crains! c'est donc que...?

LA MÈRE FAUVEAU.

Taisons-nous là-dessus, le voilà...

SCÈNE IV

LES MÊMES, SYLVAIN.

Sylvain entre du fond. Il tient une fourche qu'il dépose à droite à l'entrée. — Costume de travail. Grand chapeau de paille. Sa blouse est attachée sur son dos.

FAUVEAU.

Eh bien, mon fils, te voilà si tôt rentré? As-tu rencontré la bourgeoise?

SYLVAIN.

Non, mon père, je rentre pour vous dire de tirer le vin, la gerbaude me suit.

Sa mère lui essuie la figure et l'embrasse.

FAUVEAU.

Va donc vitement te faire propre pour présenter le bouquet à la bourgeoise.

SYLVAIN.

Oh! pour ça, mon père, je ne m'y entends point... Je ne suis point d'humeur à galantiser autour des femmes.... C'est vous que ça regarde.

FAUVEAU.

Galantiser! est-ce que c'est de mon âge?

SYLVAIN.

C'est peut-être trop tard aussi pour moi.

Sa mère passe au milieu et tire de sa poche un dé à coudre, du fil, et remet un bouton à la chemise de Sylvain, qui n'y fait pas attention et qui est tout à son père.

FAUVEAU, étonné.

Qu'est-ce que ça veut dire, cette parole-là, trop tard à vingt-cinq ans? et quand il s'agit de la rose des roses!

SYLVAIN.

Oui, la Grand'Rose comme on l'appelle... C'est une très-bonne maîtresse pour nous, je n'en disconviens pas. Elle a le cœur franc et la main donnante... Je lui porte le sentiment que je lui dois; mais faut pas m'en demander plus que je n'en peux donner!

LA MÈRE FAUVEAU, qui a fini, à son mari.

Tu vois bien!

Elle va près du puits et range différentes choses, puis elle vide son panier, où se trouvent des légumes.

FAUVEAU, à Sylvain.

A qui en as-tu? Sur quoi me rechignes-tu là?

SYLVAIN, allant à son père.

C'est que je vous entends, mon père, et que, depuis une quinzaine, vous me voulez pousser à des idées qui ne sont point les miennes. De ce que j'ai ri quand vous m'en avez causé encore hier soir, je ne voudrais pas vous laisser croire que je peux me rendre à votre commandement.

FAUVEAU.

Je te conseille de faire le farouche ! comme si on courait après toi !

SYLVAIN.

Je ne dis point ça... La Rose n'a pas à courir après un homme ; assez courront après elle ; mais je ne me mettrai point sur les rangs... A chacun le sien.

FAUVEAU.

Qu'est-ce que tu as donc à lui reprocher ? d'être un peu coquette ? d'aimer à se faire braver, à se faire dire des compliments, à danser, à se divertir ? Quel mal y trouves-tu ?

SYLVAIN.

Je n'en trouve point... Mais mon goût ne me porterait point pour une femme à qui il faudrait bailler tous ces divertissements-là.

FAUVEAU.

Oui, tu prétends être jaloux ! Ah ! mon pauvre gars, tu n'auras jamais de bonheur en ménage avec une pareille maladie.

SYLVAIN.

Je prétends être jaloux, vous dites ? Eh bien, pourquoi non, cher père ? Je veux aimer ma femme à ce point-là, et je ne saurais être jaloux de madame Rose, partant je ne saurais l'aimer. Mais nous perdons le temps, là .. J'étais venu aussi pour vous dire, mon père, que nous avons là quatre ou cinq moissonneurs de louage qui veulent s'en aller tout de suite, et qu'il faudrait vitement payer... (Allant à gauche.) Je m'en vas chercher l'argent.

FAUVEAU.

Non, je l'ai sur moi... C'est tous les ans la même chose... Je sais qu'ils n'attendent point et qu'ils viennent vous déranger au milieu de la gerbaude... (Allant s'asseoir à la table.) As-tu mis leur compte en écrit ?

SYLVAIN, se plaçant debout près de la table.

C'est inutile, je l'ai dans la tête. (A son père qui écrit sur l'ardoise.) Nous devons quinze journées à cet homme de Boussac, qui est borgne. Treize et demie à Denison du Marambert. Vingt journées à Étienne Bigot et autant à son frère... Ça fait...

LA MÈRE FAUVEAU, en dehors du hangar.

En voilà encore deux qui demandent leur paye parce qu'ils veulent partir.

SYLVAIN, tressaillant.

Qui donc?

LA MÈRE FAUVEAU.

C'est ce vieux, avec sa petite-fille. (Mouvement de Sylvain. — La mère Fauveau parlant ac. fraß.) Eh bien, approchez donc, mes amis, on va vous contenter.

Elle s'assied près du puits et épluche des légumes.

SCÈNE V

LES MÊMES, RÉMY, CLAUDIE, tous deux la faucille en main. Claudie porte un petit sac.

RÉMY, se découvrant.

Pardon, excuse, si on vous importune, mais on voudrait s'en retourner à ce soir; on a six lieues de pays à marcher d'ici chez nous.

SYLVAIN.

Ce soir! Vous n'y songez point!

FAUVEAU, comptant de l'argent.

On va toujours vous payer, si vous le souhaitez. (Regardant Rémy.) Ah! c'est le père Rémy, de Jeux-les-Bois, un homme ancien, quatre-vingts ans, pas vrai?

RÉMY, se dressant.

Quatre-vingt-deux ans, et qui moissonne encore...

SYLVAIN.

Un ancien militaire, qui a été sous-officier, et qui a reçu de l'éducation, mon père.

RÉMY.

Oh! de l'éducation, pas plus que vous, maître Sylvain!

mais on a fait son devoir à la guerre, et, à présent, on fait sa corvée dans les champs de blé !

FAUVEAU, avec intention, regardant Claudie.

Un peu grâce à votre petite-fille, qui fait la moitié de l'ouvrage. Allons, je ne me plains pas de vous... A vous deux, vous avez sans doute fait ce que vous pouviez.

LA MÈRE FAUVEAU, à Claudie.

Vous paraissez vannée de fatigue, ma fille; vous allez manger un morceau devant que de partir, et votre père aussi?

CLAUDIE.

Grand merci, mère Fauveau, nous n'avons besoin de rien.

LA MÈRE FAUVEAU.

Si fait, si fait!...

Elle regarde Sylvain, qui lui fait signe d'insister, puis elle retourne à son ouvrage près du puits.

FAUVEAU.

Nous disons donc que vous avez une vingtaine de journées, je crois?

SYLVAIN, debout près de lui.

Une trentaine, mon père...

CLAUDIE, près de son père.

Faites excuse tous les deux, nous en avons vingt-cinq.

FAUVEAU, étonné.

Tant que ça !

RÉMY, regardant Claudie.

Vingt-cinq journées, pas une de plus, pas une de moins.

FAUVEAU.

Je ne dis pas non... Et vous demandez pour ça ?

RÉMY.

Comptez vous-même; vous savez bien ce que vous donnez aux autres.

FAUVEAU.

Ce que je baille aux autres, oui ! mais, à vous deux, vous ne m'avez pas fait l'ouvrage de...

RÉMY, l'interrompant.

L'ouvrage de deux; aussi nous ne vous demandons pas de nous payer comme deux.

FAUVEAU.

Diache! je le crois bien, que vous ne me demandez point ça!

RÉMY, s'animant.

Eh bien, après? Où cherchez-vous le désaccord? Nous voilà deux qui vous demandons la paye d'un seul, et vous trouvez ça injuste?

SYLVAIN, qui est allé puiser de l'eau pour sa mère, venant près de son père.

Eh! non! il n'y a pas de désaccord! Vingt-cinq fois cinquante sous, ça fait tout juste soixante-deux francs et cinquante centimes... et mêmement si mon père me veut croire...

FAUVEAU.

Attends donc, attends donc! Comme tu y vas, toi! vingt écus et deux livres dix sous pour le moissonnage d'un homme de cet âge-là!

RÉMY.

Eh bien, et ma petite-fille, la comptez-vous pour rien?

FAUVEAU.

Votre fille, votre fille, on dit qu'elle a bon courage; mais elle n'est point forte, et l'ouvrage d'une femme en moisson, ça ne foisonne guère...

SYLVAIN, coupant la parole à Rémy, qui veut répondre.

Pardonnez-moi si je vous contredis, mon père; mais l'ouvrage d'une femme comme cette Claudie, ça doit compter. Tenez, pour être juste, vous devriez payer le père Rémy et sa petit-fille comme un et demi.

FAUVEAU.

Ah bien, par exemple!...

CLAUDIE.

Nous n'avons pas demandé tant que ça, maître Sylvain; nous avons fait un accord avec vous, et nous nous y tenons... Nous vous avons offert de tenir une rége, et nous l'avons aussi bien tenue à nous deux qu'un bon moissonneur.

FAUVEAU, se levant, à Claudie.

Vous, vous parlez sagement, ma fille. Si vous avez fait un accord avec mon garçon, je ne reviendrai pas sur sa parole et ne le blâmerai point sur son bon cœur... C'était une charité à vous faire ; vous êtes malheureux ; il a bien agi ! Il n'y a guère de monde qui ferait de ces marchés-là pas moins ! On sait bien que deux faucilles dans un sillon, dans une rége, comme vous dites, ça embarrasse et que ça détence * les autres coupeurs plus que ça ne les aide ; mais enfin...

SYLVAIN, se trouvant à la droite de son père.

Mon père, je vous ferai observer que votre jambe malade ne vous a point souffert de venir aux champs pour voir comment l'ouvrage marchait ; mais je l'ai vu, moi ! J'ai moissonné toujours en tête de la bande, et je vous atteste que cette jeunesse-là travaille autant qu'un homme. Elle serait morte à la peine si, à chaque fin de rége, son père n'eût point pris sa place. Par ainsi, à eux d'eux, l'un se reposant quand l'autre travaille, ils avancent autant et plus qu'un fort ouvrier... C'est pourquoi je vous dirai qu'en considération de leur pauvreté, de leur fatigue et de leur grand cœur à l'ouvrage, vous agiriez comme un homme juste que vous êtes en leur payant la journée à raison de trois francs, et, si vous vouliez être encore plus juste, juste comme le bon Dieu, qui mesure son secours à la misère d'un chacun, vous les payeriez comme un et demi !

FAUVEAU, avec humeur et élevant la voix.

C'est ça et puis comme deux, peut-être ! Es-tu fou, Sylvain, de me pousser comme ça... Tu veux donc ma ruine et la tienne, que tu soutiens mes ouvriers contre moi ?

RÉMY, les arrêtant du geste.

Pas tant de paroles ! Merci pour votre bon cœur, maître Sylvain ; mais ça serait une aumône, et nous ne la deman-

---

* On a écrit le mot comme il se prononce ; mais la véritable ortbographe serait *délempser*, faire perdre du temps.

dons point. On est misérable, mais, avec votre permission, on est aussi fier que d'autres. Qu'on nous paye comme un et nous serons contents.

SYLVAIN, bas, à son père.

Vous voyez, mon père, c'est du monde bien comme il faut, et, si vous aviez vu, comme moi, le comportement de ce vieux et de sa petite-fille, vous auriez eu le cœur fendu de pitié... Oui, ça fait mal de penser qu'il y a des pauvres chrétiens assez mal partagés pour être forcés de prendre des ouvrages au-dessus de leurs âges et de leurs moyens. Un homme de quatre-vingt-deux ans, et une femme, suivre la moisson, qui est la plus dure de toutes les fatigues dans nos pays! par ce grand soleil et ce vent du midi qui vous sèche le gosier et vous brûle les yeux! Vrai! c'est bien dur, et jamais charité n'aura été mieux placée que celle que vous leur ferez.

FAUVEAU.

Allons! tu me persuades tout ce que tu veux... (A Rémy et à Claudie.) Va pour trois francs, puisque mon garçon dit que c'est dans la justice. La justice avant tout! (A part, en allant à la table.) Faut que je me dépêche, car Sylvain me ferait accroire de leur donner trois francs quinze sous.

SYLVAIN, à Claudie.

Mais vous n'allez point nous quitter comme ça ? Vous ferez la fête avec nous ; un bon repas restaurera votre père, et vous passerez la·nuit chez nous! Ma mère le veut, d'abord!

LA MÈRE FAUVEAU, de sa place.

Oui, oui, le vieux serait trop fatigué de se mettre en route après une journée de travail.

RÉMY.

Merci pour vos honnêtetés, mes braves gens, mais on voudrait s'en aller; nous marcherons mieux par la fraîcheur. Mais, pour ne pas être méconnaissant de vos civilités, on boira un coup pour arroser la gerbaude quand elle entrera, et Claudie donnera un coup de main aux femmes de la maison pour les aider à servir le repas. (A Sylvain, qui lui remet de l'argent de la part de son père.) Je prends sans compter, maître Fauveau, et en vous remerciant.

FAUVEAU.

Si fait, si fait, il faut toujours compter.

RÉMY, regardant la somme en bloc.

Je vois bien qu'il y a plus que nous ne prétendions... Mais si vous y avez regret...

Il veut rendre l'argent.

SYLVAIN.

Non, non! mon père est content de bien agir à votre endroit.

RÉMY, remettant l'argent à Claudie.

Or donc, vous êtes de braves gens, le bon Dieu vous conserve! je m'en vas au-devant de la gerbaude!

Il sort par le fond.

CLAUDIE, à la mère Fauveau.

Commandez-moi donc ce que j'ai à faire pour vous aider, mère Fauveau.

LA MÈRE FAUVEAU, lui prenant sa faucille et son petit sac.

Tenez, ma fille, si vous voulez laver le restant des vaisseaux, ça nous soulagera d'autant. Vous prendrez aussi les nappes et les couverts chez nous (elle lui montre la porte de gauche), et vous les porterez ici en face, dans le logement de la bourgeoise, qui est plus grand que le nôtre.

Elle lui montre la porte de droite et sort par celle de gauche.

FAUVEAU, ramassant l'argent qui est sur la table. A Sylvain.

Moi, je vas payer ces autres moissonneurs qui attendent... Va donc t'habiller, Sylvain! il n'est que temps.

SYLVAIN.

J'y vas, j'y vas, mon père.

Fauveau sort par le fond, à gauche.

SCENE VI

CLAUDIE, SYLVAIN

Claudie s'est approchée du puits et puise de l'eau. Sylvain est allé à droite prendre sa fourche et se dispose à sortir, quand il voit le mal que se donne Claudie pour faire monter le seau.

SYLVAIN.

Voilà que vous prenez encore de la peine, Claudie, au lieu de vous reposer. Les femmes de chez nous ne se fatiguent guère, elles ne moissonnent point, surtout! Après tantôt un mois de pareil travail, c'est pour vous achever!

CLAUDIE, *triste mais calme, parlant d'un ton doux mais résolu.*

Ne faites pas attention à moi, maître Sylvain.

SYLVAIN, *quittant sa fourche et allant au puits, atteint le seau et en verse le contenu dans un petit baquet qui est près du puits.*

Excusez-moi, je fais attention à vous. Il n'y a pas moyen, quand on a le cœur un peu bien placé, de ne point voir le courage et la peine que vous avez. (Claudie prend trois assiettes qui sont sur le bord du puits, puis elle les lave dans le baquet, et ensuite les essuie, sans regarder Sylvain. Sylvain revenant à droite.) Elle ne m'écoute point! elle a mêmement la mine de ne vouloir point m'entendre. Quel âge donc est-ce que vous avez, Claudie?

CLAUDIE, *tout en faisant son ouvrage.*

J'ai vingt et un ans.

SYLVAIN.

Et vous moissonnez comme ça pour la première fois?

CLAUDIE.

C'est la troisième année.

SYLVAIN.

Faut que vous soyez bien dans la gêne?

CLAUDIE.

Sans doute.

SYLVAIN.

Vous étiez bien jeune quand vous avez perdu votre père et votre mère?

CLAUDIE.

Oui, j'avais cinq ans.

SYLVAIN.

Votre grand-père n'a pas un bout de champ ou de jardin?

CLAUDIE.

Nous n'avons pas même de maison, nous payons loyer d'une petite locature.

SYLVAIN.

C'est loin d'ici où vous demeurez?

CLAUDIE.

Je crois qu'il y a environ six lieues de pays.

SYLVAIN.

Ah! il y a plus de six lieues d'ici à Jeux-les-Bois!... (Claudie, ayant essuyé les assiettes, étend sa serviette sur le dos d'une chaise et entre à gauche, puis en sort tout de suite avec son panier où sont des serviettes, des nappes et quelques gobelets. Sylvain à lui-même.) Il n'y a pas moyen de causer avec elle!... je ne sais plus quelles questions lui faire!... Comme elle est triste avec son air tranquille!... Elle a trop de misère, c'est sûr... (A Claudie, qui met les quelques gobelets dans le baquet, puis qui pose et compte le linge sur la table.) Est-ce que vous avez des parents dans votre endroit?

CLAUDIE.

Nous n'en avons plus.

SYLVAIN.

Vous êtes seule avec votre grand-père?

CLAUDIE.

Oui, seule.

SYLVAIN.

Mais il y a des voisins qui vous aident?

CLAUDIE.

Nous ne demandons rien.

SYLVAIN.

Si vous veniez demeurer par ici, vous seriez peut-être mieux ?

CLAUDIE.

J'en ignore.

SYLVAIN.

Vous trouveriez toujours de l'ouvrage dans notre métairie... Et puis ma mère est très-bonne ; si vous veniez à être malade, elle vous assisterait.

CLAUDIE.

Oh ! c'est vrai qu'elle est très-bonne !

SYLVAIN.

La bourgeoise Rose n'est pas mauvaise non plus.

CLAUDIE.

Elle passe pour charitable.

SYLVAIN.

Eh bien, ça ne vous tenterait point de vous établir par chez nous ?

CLAUDIE.

Non ; mon père a son accoutumance là-bas.

SYLVAIN.

Et vous y voulez rester ?

CLAUDIE, passant devant Sylvain et faisant un mouvement de respect et en même temps de douleur.

Mon Dieu, oui !

Elle sort en emportant le linge par la porte de droite.

SCÈNE VII

SYLVAIN, seul, regardant à droite.

Allons, je ne lui donne ni fiance ni regret. Elle a tourné son idée d'un autre côté. Sans doute il y a quelqu'un qui la recherche dans son pays, car elle est trop belle fille et trop méritante pour n'avoir point donné dans la vue à d'autres qu'à moi. Que le bon Dieu la fasse heureuse, c'est tout ce que je demande.

Il tombe dans la rêverie et s'arrête devant la porte où est entrée Claudie en regardant toujours si elle ne sort pas de chez la Grand'Rose.

SCÈNE VIII

SYLVAIN, DENIS RONCIAT, fort endimanché. Il fait un mouvement en apercevant Sylvain.

DENIS, d'une voix retentissante.

Bonjour, maître Sylvain Fauveau!

SYLVAIN, du geste.

Salut, monsieur Denis Ronciat.

DENIS.

La bourgeoise est arrivée à la partie?

SYLVAIN, se retournant sans le remarquer.

On le dit, je ne l'ai point vue.

DENIS.

J'ai entendu la musette, et je crois que la gerbaude n'est pas loin. Je vas l'attendre ici, car je suis diablement fatigué... et... différemment, mon cheval pareillement. Voici la troisième fois qu'il fait la route de chez moi ici depuis ce matin.

Sylvain, qui est retombé dans sa rêverie et qui ne l'écoute pas, reprend sa fourche et sort par la gauche.

SCÈNE IX

DENIS, seul, s'asseyant à droite et ôtant ses grandes guêtres en cuir, qu'il jette dans un coin.

Ce gars-là me bat froid. Il pense à épouser sa bourgeoise. Son père s'en flatte et me l'a donné à entendre... Mais plus souvent que des métayers qui n'ont rien me souffleront ce mariage-là!... Une belle dot et une belle femme! grandement recherchée par toute la jeunesse du pays. Ça flatte d'avoir la préférence... et on l'aura !... Oui, qu'on l'aura, je dis... la préférence !

SCÈNE X

DENIS, CLAUDIE.

Claudie rentre par la porte de droite, va au baquet et se remet à laver quelques gobelets sans faire attention à Denis.

DENIS, à part, la voyant passer.

Qu'est-ce que c'est que cette fille-là?... une nouvelle servante ?... Je vas lui parler... Faut toujours mettre les servantes dans ses intérêts... (Appelant Claudie, qui est entrée à gauche.) Dites donc, la fille ! (Elle rentre tenant une serviette, et, reconnaissant Ronciat, elle tressaille, laisse tomber sa serviette, et reste immobile. Denis fait une exclamation, et recule comme terrifié.) Qu'est-ce que ça veut dire ?... A quelles fins êtes-vous céans, Claudie ?

CLAUDIE, froidement.

Qu'est-ce que ça vous fait, monsieur Ronciat ?

DENIS.

Ça me fait, ça me fait... Différemment ça ne me fait rien... Mais je ne m'attendais point à vous voir.

CLAUDIE, tombant assise, même jeu.

Ni moi non plus.

DENIS, fort troublé.

Et. . différemment, votre santé est bonne?... depuis le temps que... alors, pour lors que... sans doute que... (S'essuyant le front.) Ça fait rudement chaud, pas vrai ?

CLAUDIE, se levant, même jeu.

Si c'est là tout ce que vous avez à me dire, ne me dérangez point pour si peu. Je reprends mon ouvrage.

Elle ramasse sa serviette et essuie ses gobelets.

DENIS.

Je ne prétends point vous molester, Claudie. Et si votre ouvrage est pressante... Mais quelle ouvrage donc est-ce que vous faites céans, Claudie? Si vous y êtes servante, il n'y a pas grand temps.

CLAUDIE.

J'y suis venue en moisson, et je m'en vas ce soir.

DENIS.

Vous êtes venue en moisson? C'est donc vous, cette fille qu'on m'a parlé, qui mène si bien la faucille? Si j'avais connu que c'était vous!...

CLAUDIE.

Vous ne seriez point venu ici, aujourd'hui?...

DENIS.

Je ne dis pas!... différemment... sans doute que pour travailler comme ça, il faut que vous soyez un peu dans la peine, et, si vous êtes comme ça dans la peine,... ça serait à moi de...

CLAUDIE.

Eh bien?

DENIS.

Ça serait à moi de vous assister.

CLAUDIE, laissant tomber la serviette et 'e gobelet, et allant à lui. Avec fierté.

Où auriez-vous donc pris le droit de m'assister, Denis Ronciat?

DENIS, à part.

Diable! diable! je pensais qu'elle allait me rappeler ça... et la voilà qui fait celle qui ne s'en souvient tant seulement point... Ah! ma foi, tant pis, je vas brusquer les choses, moi. (Haut.) Ça donc, vous ne souhaitez rien de moi?

CLAUDIE.

Rien du tout.

DENIS.

Ah! vous êtes toujours fière! cette fierté-là ne vaut rien, Claudie, et j'ai dans mon idée que vous êtes venue ici pour tirer une vengeance de moi.

CLAUDIE.

Ça serait un peu tard! après cinq ans...

DENIS.

Après cinq ans... de... Comment dites-vous ?

CLAUDIE.

Cinq ans d'oubliance.

DENIS.

D'oubliance de ma part que vous voulez dire ?

CLAUDIE.

Autant de ma part que de la vôtre !

DENIS, avec joie.

Vrai ? Oh bien, si c'est réciproque, nous pouvons bien nous entendre et faire la paix à cette heure. Voyons, Claudie, parlons peu et parlons bien ; différemment, combien veux-tu en dédommagement pour... ?

CLAUDIE, regardant fixement.

Pour ?...

DENIS, hésitant.

Pour...

CLAUDIE, avec force et douleur.

Pour qui ?... puisqu'il est mort !

DENIS, se découvrant.

Il est mort ?... (A part, et mettant la main sur sa poitrine.) Tout de même, ça me fait quelque chose ! ça me donne un coup dans l'estomac !...

CLAUDIE.

Il est mort l'an dernier, Denis ! et vous ne l'avez seulement point su ! Vous ne l'avez assisté ni quand il est venu au monde, ni quand il en est sorti. Il a vécu de misère avec moi, il est mort de misère malgré moi, et c'est malgré moi aussi que je ne suis point morte avec lui ! Vous ne vous en êtes jamais tourmenté ! Tous les ans, pendant trois ans qu'il a vécu, je vous ai fait écrire une lettre par le curé de notre paroisse pour vous réclamer votre promesse ; vous n'avez jamais fait réponse. Depuis une année, vous n'avez plus reçu de lettre ; vous auriez dû comprendre que ça signifiait : « La pauvre Claudie a perdu sa consolation et son espérance, elle n'a plus besoin de rien. »

DENIS.

Dame ! dame!... pauvre Claudie!... c'est ta faute aussi, tu aurais dû écrire plus souvent, venir me trouver...

CLAUDIE.

Moi?...

DENIS.

Ou tout au moins... différemment, m'envoyer ton père.

CLAUDIE, avec fierté.

Mon père! un homme comme lui? un ancien soldat, un homme de quatre-vingt-deux ans, qui est fier, qui n'a jamais tendu la main et qui piochera la terre jusqu'à ce qu'il tombe dessus? vous auriez souhaité le voir mendier le pain de sa fille, à vous, Denis, qui l'avez séduite à l'âge de quinze ans et qui ne l'avez détournée de son devoir qu'en lui faisant toutes les promesses, toutes les prières, toutes les menaces d'un homme qui veut se périr par grande amour et par grande tristesse? Si j'avais voulu de vous une promesse de mariage, ne me l'auriez-vous point signée ? Est-ce que vous ne me l'avez pas offerte? est-ce que je ne l'ai point refusée? Ah ! je n'étais qu'une enfant, bien simple et bien sotte, et cependant j'avais déjà plus de cœur que vous n'en avez jamais eu, car j'aurais cru vous faire injure en doutant de votre parole! Et mon père, qui savait tout ça, aurait été vous prier de vous en souvenir? Non, non, le pauvre vieux, s'il en avait eu la force, il n'aurait été vers vous que pour vous tuer... et sans moi, qui l'ai retenu, qui sait s'il n'aurait point fait un malheur !

DENIS.

Diable! diable!... et différemment, est-ce qu'il est ici, ton père ?

CLAUDIE.

Oh! n'ayez crainte, le voilà trop vieux pour se venger, mon pauvre père! il travaille encore... (pleurant), mais il s'en va, et bientôt je pourrai m'en aller aussi, car j'aurai tout perdu, et personne n'aura plus besoin de moi.

DENIS.

Claudie, voyons, écoute-moi... J'ai été oublieux, c'est vrai; je me suis mal comporté envers toi, c'est encore vrai, et tu as le droit de vouloir me punir en faisant du tort à ma réputation; mais il ne faut pas comme ça donner son cœur à la rancune. Tout peut s'arranger.

CLAUDIE.

Non, Denis! rien ne peut plus s'arranger, car il y a long-temps que je ne vous estime plus, et que, par suite, je ne vous aime point.

DENIS.

Voyons, Claudie, voyons! si je t'offrais... la, cent bons écus...

CLAUDIE, le repoussant du geste.

Malheureux que vous êtes!

DENIS.

Eh bien, quatre cents francs!... cinq cents, la!

CLAUDIE.

Taisez-vous donc! vous m'offririez tout ce que vous avez, que je regarderais ça comme un affront que vous me faites.

Elle passe à droite.

DENIS.

Ah! dame! aussi... tu en veux trop! tu veux que je t'épouse!

CLAUDIE.

Tant que mon pauvre enfant a vécu, j'ai dû le vouloir à cause de lui! mais, à présent, j'aimerais mieux mourir que d'épouser un homme que je méprise.

DENIS.

Ah! que vous êtes mauvaise, Claudie! vous voulez vous revenger, je vois ça! on vous a dit que j'allais me marier avec la bourgeoise de céans; mais ça n'est pas vrai, c'est des propos.

CLAUDIE.

Je ne sais rien de vous; je ne vous savais seulement pas dans le pays d'ici.

DENIS.

Parole d'honneur, Claudie, que je ne songe pas au mariage ! par ainsi tu n'as pas besoin de me décrier, et différemment... si tu y tentais, je nierais tout, d'abord !

CLAUDIE.

Je m'en rapporte à vous pour savoir mentir.

On entend la cornemuse.

DENIS.

Chut ! chut ! Claudie pas de querelle devant le monde ! Voilà la gerbaude qui arrive ! Sois bonne, ma pauvre Claudie, va, je t'en récompenserai.

Elle remonte vers le fond. Denis reste sur le devant, à droite.

SCÈNE XI

FAUVEAU, SYLVAIN, LA MÈRE FAUVEAU, CLAUDIE, RÉMY, ROSE, DENIS, LE CORNEMUSEUX, MOISSONNEURS, GLANEUSES, OUVRIERS, ENFANTS et SERVANTES DE LA MÉTAIRIE.

On voit paraître d'abord le cornemuseux, suivi d'enfants, ensuite les moissonneurs, Sylvain et sa mère, suivis de filles de ferme qui sortent de gauche, la Grand'Rose donnant le bras à Fauveau. Viennent parmi les travailleurs le père Rémy avec Claudie. Puis, au fond, on aperçoit une énorme charrette de blé en gerbes, surmontée d'une autre gerbe ornée de fleurs et de rubans, tenue par deux hommes. La charrette, traînée par deux bœufs, s'arrête devant l'entrée de la ferme. Les deux hommes qui sont sur le charroi font glisser la gerbe, laquelle est reçue par deux moissonneurs qui l'apportent au milieu du théâtre. Le père Fauveau conduit la Grand'Rose à droite près de la gerbe, et va à gauche près de son fils et de sa femme. Rémy est au fond avec Claudie. Denis est à droite entre la Grand'Rose et le cornemuseux. Les autres personnages, ainsi que les enfants, se placent au fond et de chaque côté.

FAUVEAU.

Allons, Sylvain ! voilà la gerbaude !... C'est à toi de détacher le bouquet pour le présenter à la bourgeoise !

SYLVAIN.

Non, mon père, c'est contre la coutume; il faut que ça soit le plus jeune ou le plus vieux de la bande, et je ne suis ni l'un ni l'autre.

LA MÈRE FAUVEAU.

C'est juste! la coutume avant tout, et mêmement, dans ma jeunesse, c'était toujours le plus vieux, on estimait que ça portait plus de bonheur.

RÉMY, descendant près de la gerbe.

Le plus vieux ici, sans contredit, c'est moi, et je connais la cérémonie mieux que personne... (Regardant la gerbe.) D'abord, est-elle faite comme il faut, la gerbe? Il y faut autant de liens que vous avez eu de moissonneurs! Et puis il n'y faut point épargner l'arrosage, le vin du bon Dieu... (A ce moment, les filles de ferme, sur un signe de Sylvain, entrent à gauche et reviennent avec des brocs de vin et des gobelets qu'elles déposent sur la table. — Le père Rémy continue de parler pendant ce jeu de scène.) Et puis, après, vivent la joie, la santé, l'amitié, l'abondance! vivent les vieux! vivent les jeunes!... (Regardant les enfants qui se groupent autour de lui.) Et vive aussi le petit monde!... Tout ça rira, chantera, dansera... (Avec respect.) Mais, avant tout, faut consacrer la gerbe, car on ne doit point se jouer des vieux us.

ROSE.

Faites donc tout à votre idée, vieux, et à l'ancienne mode; vous aurez la gerbe pour récompense.

RÉMY, souriant.

J'aurai la gerbe? Et me donnerez-vous aussi des bras pour l'emporter chez moi, à six lieues d'ici?

ROSE.

J'entends! on y mettra le prix, mon brave homme, et vous choisirez le blé ou ce qu'il y aura dessous. Allons, voilà mon estimation, cinq francs pour la gerbaude! Que chacun fasse comme moi, suivant ses moyens. Les plus pauvres mettront ce qu'ils pourront. Ça ne serait qu'un petit cadeau, un petit sou, ça porte toujours bonheur à qui le donne.

Elle met une pièce de cinq francs au pied de la gerbe.

RÉMY, la saluant.

Vous êtes bien honnête, la bourgeoise. (Le père Fauveau s'approche lentement et fouille dans sa poche pour choisir une petite pièce de monnaie. — Rémy, gaiement.) Mettez-y une idée de bonne amitié et le compte y sera.

Fauveau met une petite pièce de monnaie et serre la main à Rémy, qui s'incline.

LA MÈRE FAUVEAU, s'approche aussi et retire de ses poches un dé à coudre, une paire de ciseaux, un couteau, une pelote, du fil, et met le tout au pied de la gerbe. — A Rémy, lui donnant la main.

Ça sera pour la jeune fille.

RÉMY, lui montrant Claudie, qui est près de la gerbe.

Merci pour elle, mais elle n'a point besoin de ça pour vous aimer. (La mère Fauveau embrasse Claudie. — Sylvain vient à son tour et tire sa montre, qu'il veut aussi déposer. — Rémy l'arrêtant.) Oh! ça, c'est trop beau pour du monde comme nous!

SYLVAIN.

Vous n'avez point le droit de rien refuser... Vous êtes lieutenant de gerbaude; je connais la coutume aussi, moi!

Il met sa montre et serre la main à Rémy. En reprenant sa place, il salue Claudie, laquelle fait un mouvement qui n'est aperçu que de Sylvain. — Une toute petite fille apporte gravement une grosse pomme verte.

RÉMY, prenant la pomme et embrassant l'enfant.

Merci!... Je reçois votre bénédiction, mon petit cœur.

D'autres viennent plus rapidement apporter leurs offrandes.

ROSE, s'approchant de Denis Ronciat, qui se tient à l'écart.

Eh bien, est-ce que vous ne voulez rien donner pour ce pauvre homme, vous qui avez le moyen?

RONCIAT, fouillant dans sa poche.

Si fait! si fait!

Il s'approche pour faire le même jeu de scène que les autres. Rémy fait un mouvement et l'arrête.

RÉMY, regardant fixement.

Denis Ronciat! (Avec colère et mépris.) Retire la main et ton offrande... je n'en veux point.

Dans le mouvement des personnages qui occupent la scène, on ne fait pas grande attention aux paroles de Rémy. Rose, qui est plus près de Ronciat, les remarque.

ROSE, à Denis.

Eh bien, qu'est-ce qu'il a donc contre vous, ce vieux-là?

DENIS, à Rose.

Ah! ma foi, je ne sais point. Différemment... je ne le connais pas. C'est si vieux, ça radote!

FAUVEAU, criant.

Allons, la chanson, vieux! la chanson! Silence là-bas!

RÉMY, chantant d'une voix cassée.

A la sueur de ton visaige,
Tu gagneras ton pauvre sort.

REPRISE EN CHŒUR.

A la sueur de ton visaige,
Tu gagneras ton pauvre sort!

RÉMY.

Après grand'peine et grand effort,
Après travail et long usaige...
Après grand'peine et grand effort,
Pauvre paysan [1], voici la mort!

REPRISE EN CHŒUR.

Pauvre paysan, voici la mort!

ROSE, les arrêtant du geste.

Oh! pas de cette chanson-là, elle est trop triste

RÉMY.

Elle est bien ancienne; je n'en sais que de celles-là.

FAUVEAU.

Mieux vaut ne point chanter que nous dire une chanson de mort un jour de gerbaude!

---

1. *Pay* est d'une syllabe dans le langage rustique comme dans le vieux français.

RÉMY.

La mort vous fait peur, à vous autres, parce que vous êtes jeunes! Si vous aviez mon âge, vous vous diriez que la mort et la vie, c'est quasiment une même chose. Ça se tient comme l'hiver et l'été, comme la terre et le germe, comme la racine et la branche. (Regardant Denis.) Un peu plus tôt, un peu plus tard, faut toujours souffrir pour vivre, et vivre pour mourir. Allons, puisque vous n'estimez point mes chansons de l'ancien temps, je vas vous faire un petit discours sur la gerbaude. Celui qui ne peut point chanter doit parler... Mais la voix me fait défaut. Donnez-moi un verre de vin blanc...

FAUVEAU.

Si vous souhaitiez un doigt de brandevin, ça vous donnerait plus de force; c'est souverain, après moisson.

RÉMY, regardant Denis.

Oui, c'est ça, je veux bien, j'ai quelque chose à dire et je veux le dire. Donnez-moi du rude.

CLAUDIE, voulant l'empêcher de boire de l'eau-de-vie que lui présente la mère Fauveau.

Mon père, ne buvez point ça; à votre âge, c'est trop fort! Rappelez-vous que, l'an passé, ça a manqué vous tuer!

RÉMY.

Bah! bah! laisse-moi donc! je me sens faible, ça me remettra.

DENIS, à demi-voix.

Allons! allons! la musette; c'est bien assez écouter ce vieux qui ne sait ce qu'il dit.

LA MÈRE FAUVEAU, qui est près de lui, versant à boire aux moissonneurs.

Excusez, monsieur Ronciat; quand un homme d'âge veut parler, on doit l'entendre; et, quand il parle sur la gerbaude, ça porterait malheur de l'interrompre.

RÉMY, élevant son verre.

Criez avec moi, mes amis : à la gerbe! à la gerbaude!

TOUS, criant.

A la gerbaude !

Les personnages reprennent leurs mêmes places comme à l'entrée de la gerbaude.

RÉMY, se découvrant. Tous font de même. Un grand silence règne autour de Rémy.

Salut à la gerbe ! et merci à Dieu pour ses grandes bontés ! De tous tes présents, mon bon Dieu, voilà le plus riche ! Le beau froment, la joie de nos guérets, l'ornement de la terre, la récompense du laboureur ! Voilà l'or du paysan, voilà le pain du riche et du pauvre ! Merci à Dieu pour la gerbaude ! (Aux assistants.) Faites comme moi, mes enfants, buvez et arrosez la gerbaude.

Tous boivent, la mère Fauveau et les autres femmes ayant fait le tour pour remplir les verres.

TOUS, avec respect.

Merci à Dieu pour la gerbaude !

Ils viennent faire, du fond de leurs verres, des libations sur la gerbaude.

FAUVEAU, reprenant sa place.

Ça va bien ! vous avez bien parlé, père Rémy ! (Aux autres.) Ce vieux-là n'est point sot !

RÉMY, à la gerbe.

Que le bon Dieu bénisse la moisson de cette année dans la grange comme il l'a bénie sur terre ! Le blé a foisonné, il ne sera point cher. Tant mieux pour ceux qui n'en recueillent qu'au profit des autres ! Le pauvre monde peine beaucoup ; le bon Dieu lui envoie des années qui le soulagent. Le riche travaille pour ses enfants ; les pauvres sont les enfants de Dieu, et il fait travailler son soleil pour tout le monde. Merci à Dieu pour le pain à bon marché et pour la gerbaude !

TOUS, répétant les libations.

Merci à Dieu pour la gerbaude !

CLAUDIE, prenant le gobelet que Rémy porte à ses lèvres.

Ne buvez plus, mon père, vous êtes pâle !

RÉMY.

Est-ce que j'ai mal parlé, cette fois ? (A Rose.) Ai-je offensé la bourgeoise ?

ROSE.

Non, mon vieux ! Je ne suis point portée contre le pauvre monde. Parlez, parlez !

RÉMY, lui présentant le bouquet qui domine la gerbe.

Que Dieu récompense les bons riches !... (Il l'embrasse.) Qu'il les conserve tant qu'il y aura des pauvres ! (Regardant Ronciat.) Des gens heureux qui lèvent la tête et qui font le mal,... il y en a : le ciel les voit ! Des gens bien à plaindre,... il y en a aussi : la terre les connaît ! (Se replaçant près de la gerbe.) Gerbe ! gerbe de blé, si tu pouvais parler ! si tu pouvais dire combien il t'a fallu de gouttes de notre sueur pour t'arroser, pour te lier l'an passé, pour séparer ton grain de ta paille avec le fléau, pour te préserver tout l'hiver, pour te remettre en terre au printemps, pour te faire un lit au tranchant de l'arrau, pour te recouvrir, te fumer, te herser, t'héserber, et enfin pour te moissonner et te lier encore, et pour te rapporter ici, où de nouvelles peines vont recommencer pour ceux qui travaillent... (En s'exaltant.) Gerbe de blé ! tu fais blanchir et tomber les cheveux, tu courbes les reins, tu uses les genoux Le pauvre monde travaille quatre-vingts ans pour obtenir à titre de récompense une gerbe qui lui servira peut-être d'oreiller pour mourir et rendre à Dieu sa pauvre âme fatiguée... (A Ronciat, avec colère.) C'est qu'il y a des mauvais cœurs, Denis Ronciat, il y a des mauvais cœurs ! Je ne dis que ça !

DENIS, au cornemuseux.

Vingt sous, si tu fais brailler ta musette !

LE CORNEMUSEUX.

Nenni, monsieur... Couper la parole à un vieux, ça ferait crever mon instrument !

RÉMY, balbutiant et repoussant machinalement sa fille, qui veut l'emmener.

Laissez-moi... laissez-moi dire... Il y a des gens qui prennent à leur prochain plus que la vie, ils lui prennent l'honneur. Oui, oui, laisse-moi, ma fille... tu me fais perdre mes idées !...

CLAUDIE.

Mon père est malade, voyez ses yeux ! Ce qu'il dit lui fait du mal. Aidez-moi à l'ôter de là.

RÉMY, soutenu par Sylvain et Claudie. Le groupe est resserré autour de lui.

Oui, je me sens malade, je ne vois plus ! Est-ce que vous n'êtes plus là, vous autres ? Je vous ai attristés... Je vais chanter encore.

Atteignant la gerbe qu'il fait tomber, il chante.

Pauvre paysan, voici la mort !

Il s'affaisse sur la gerbe.

CLAUDIE, avec détresse.

Bonnes gens ! mon père se meurt !

ROSE, à un moissonneur.

Vite le médecin, le curé !

SYLVAIN.

Courez vite, c'est un coup de sang !

RÉMY, la tête sur la gerbe.

C'est trop tard ! Dieu me fera grâce. J'ai tant souffert dans ce pauvre monde !... Ma fille !... ma fille !... C'est une bonne fille, entendez-vous ? (Serrant convulsivement la main de Sylvain.) N'importe qui vous êtes, ayez soin de ma fille !

CLAUDIE, se jetant sur lui.

Mon père, mon pauvre père ! je veux mourir avec toi !

RÉMY, touchant la gerbe et se soulevant un peu.

Ah ! la gerbaude ! la gerbe ! l'oreiller du pauvre !

Il tombe sur la gerbe.

ROSE.

Ayons soin de cette pauvre fille !

LA MÈRE FAUVEAU.

Ça fend le cœur !

FAUVEAU, avec douleur

Voilà une triste gerbaude !

DENIS, bas, se penchant vers Claudie.

Claudie, Claudie, je ne t'abandonnerai point, vrai !

SYLVAIN, de l'autre côté.

Claudie, votre père vous a confiée à moi, c'est sacré !

ACTE DEUXIÈME

L'intérieur du logement des métayers. Maison de paysan, vaste, bien meublée à l'ancienne mode, et bien tenue. Au fond, une sortie fermée par une porte à hauteur d'appui. Au fond, à gauche, près de la porte de sortie, une fenêtre; devant la fenêtre, un b s de buffet. Du même côté, au premier plan, une grande cheminée avec du feu; devant le feu, des fers à repasser. A droite, au fond, un escalier qui prend à partir de la porte de sortie, et qui conduit à une galerie placée à la hauteur d'un étage. Du même côté, sur le devant, une table; dessus, une couverture, une petite tasse, un carreau, du linge, un fer, tout ce qu'il faut pour repasser du linge.

SCÈNE PREMIÈRE

RÉMY, assis dans la cheminée, l'air hébété; LA MÈRE FAU-VEAU, assise près de la table, et filant au fuseau; CLAUDIE, à la table et repassant du linge.

LA MÈRE FAUVEAU.

Je vous assure, ma fille, que vous ne nous êtes point à charge, et que vous avez tort de vouloir nous quitter. Vous travaillez plus proprement et plus subtilement que pas une de mes servantes, vous avez un grand courage dans les bras, dans les jambes et je crois surtout dans le cœur. Et si nous faisons un peu de dépense pour garder votre pauvre père, qui, depuis son coup de sang de la moisson, ne s'aide quasiment plus, nous en sommes bien récompensés par votre travail, qui vaut gros dans une métairie; par ainsi restez donc

3

avec nous jusqu'à temps que votre père se rétablisse, si c'est
la volonté du bon Dieu.

CLAUDIE.

Vous êtes une âme grandement bonne, mère Fauveau, et,
si je veux m'en aller, ne le prenez point comme une mécon-
naissance de vos amitiés. Vous m'en faites tant, que je voudrais pouvoir mourir à votre service ; mais, aussi vrai que
j'aime le bon Dieu et vous, je ne peux point rester davantage.

*Elle va à la cheminée, embrasse son père, prend un autre fer et revient à
la table.*

LA MÈRE FAUVEAU.

Claudie, je ne vous demande point vos raisons. Peut-être
que j'en ai une doutance, et je ne vous en estime que mieux ;
peut-être que, dans un peu de temps, je vous dirai que vous
faites bien de partir; mais votre père n'est pas encore en état,
et vous ne pouvez point l'emmener avant de vous être pour-
vue d'ouvrage pour le soutenir.

CLAUDIE.

Mon père est faible, mais il ne paraît point souffrir; et,
comme je sais qu'il aime beaucoup son endroit, j'ai dans mon
idée qu'il a de l'ennui d'en être absent. Je suis quasiment
assurée de trouver de l'ouvrage chez nous : on m'emploie aux
lessives, on me donne des blouses à faire; je travaille aussi à
la terre, qui est plus légère là-bas que par ici. J'aurai plus
de peine qu'avant, puisque mon père ne peut plus s'occuper;
mais qu'est-ce que ça me fait d'user ma santé ? Je durerai
toujours bien autant que ce pauvre homme-là, qui n'en a pas
pour longtemps, et qui, depuis deux mois qu'il est malade
chez vous, n'a pas l'air de pouvoir reprendre ses forces.

*Elle va serrer le linge dans le bas du buffet qui est au-dessous de la
croisée.*

LA MÈRE FAUVEAU, se levant.

Moi, je le trouve mieux depuis deux ou trois jours, et, ce
matin, il m'a parlé plus longtemps et plus raisonnablement
qu'il n'avait fait depuis son accident.

CLAUDIE, revenant près de la mère Fauveau.

Il vous a parlé ? Et... qu'est-ce qu'il vous disait ?

LA MÈRE FAUVEAU.

Il me demandait si le médecin l'avait condamné, et s'il en avait encore pour longtemps à durer comme ça sans rien faire.

CLAUDIE, regardant son père.

Pauvre père ! je sais bien qu'il regrette de n'être pas mort sur le coup. Mais, voyez-vous, quand je devrais le garder comme ça, en misère, le restant de mes jours, je ne plaindrais pas ma peine. Ah ! tout ce que le bon Dieu voudra, pourvu que je le conserve ! Vous ne savez pas quel homme c'était, mère Fauveau !

Elle essuie ses yeux à la dérobée.

LA MÈRE FAUVEAU, lui prenant la main.

C'est pour cela, ma pauvre Claudie, qu'il vous faut rester encore un peu. Il ne manque de rien ici, et vous pouvez le voir à chaque moment.

CLAUDIE.

Je sais qu'il ne sera jamais aussi bien que chez vous, ni moi non plus !

LA MÈRE FAUVEAU.

Eh bien, alors !...

CLAUDIE.

J'attendrai encore une quinzaine pour vous obéir. Aussi bien, je vous serai utile pour dériver et sécher votre chanvre. Et, après ça, malgré vos bontés, je m'en irai, parce que je crois que c'est mon devoir. Allons, je m'en vas chercher la fournée. J'emmènerai mon père jusqu'au cellier. Ça le promènera un peu.

Elle s'approche de son père et le fait lever sans qu'il oppose la moindre résistance, ni paraisse se soucier de ce qu'on veut faire de lui.

LA MÈRE FAUVEAU, parlant haut.

Il faut prendre l'air, père Rémy ; ça vous vaudra mieux que d'être toujours dans la cheminée.

RÉMY, parlant avec effort.

J'ai toujours froid.

LA MÈRE FAUVEAU, à Claudie.

Voyez-vous qu'il entend bien aujourd'hui?

CLAUDIE.

Ça ne vous contrarie pas de venir avec moi, mon père?

RÉMY.

Est-ce que nous retournions chez nous?

CLAUDIE.

Pas encore, bientôt!

Elle sort par le fond avec son père; Sylvain, du haut de la galerie, guette sa sortie.

SCÈNE II

LA MÈRE FAUVEAU, SYLVAIN.

SYLVAIN, à sa mère, qui revient près de la table.

Eh bien, mère, avez-vous réussi?

LA MÈRE FAUVEAU, levant la tête.

Sylvain, j'ai fait ce que j'ai pu. Une mère n'a que sa parole. J'ai eu tort peut-être de te la donner, mais je ne sais point résister à ce que tu veux.

SYLVAIN.

Et... elle restera?

LA MÈRE FAUVEAU.

Encore une quinzaine pour nous aider à teiller le chanvre.

SYLVAIN.

Une quinzaine? rien que ça? Elle veut donc toujours nous quitter?

LA MÈRE FAUVEAU, prenant sa quenouille et la portant sur le bas du buffet.

Son idée ne changera point, sois-en assuré. C'est une fille qui pense trop bien pour vouloir mettre du désaccord dans une famille.

SYLVAIN, descendant.

Mère, je ne sais pas quelle idée vous avez! vous croyez que je pense à cette fille, et... je n'y pense point.

Il regarde au dehors, du côté où est sortie Claudie.

LA MÈRE FAUVEAU, l'attirant à elle.

Sylvain, faut pas dire des menteries à sa mère!

SYLVAIN.

Je n'y pense point tant que vous croyez! Écoutez donc, je suis un peu le chef de la famille, depuis que le père est éboité; et je vois bien qu'une servante comme Claudie porte profit à notre ménage. Ce n'est pas deux, trois servantes qui vous la remplaceront, convenez-en. Une fille si adroite, si prompte, si épargnante, si fidèle! une malheureuse enfant qui n'a rien et qui n'est jalouse que de faire prospérer le bien d'autrui! Est-ce peu de chose ça? faut-il pas bien de la raison et de la religion pour avoir ces sentiments-là?

LA MÈRE FAUVEAU.

Oui, oui, mon enfant, c'est vrai! mais, si tu prends tant de feu à la chose, c'est moins par intérêt pour l'épargne que par inclination pour cette jeunesse. Tu voudrais bien t'en faire accroire à toi-même là-dessus, mais je vois clair : elle te plaît... et tu le lui as dit!

SYLVAIN.

Non, mère, jamais! ça, j'en jure!

LA MÈRE FAUVEAU.

Jamais?

SYLVAIN.

J'ai jamais osé!

LA MÈRE FAUVEAU.

Alors, elle l'a deviné, car, pour sûr, el'e le sait.

SYLVAIN, avec joie.

Si elle le sait, c'est donc que vous le lui avez dit? Oh! la bonne brave femme de mère que vous êtes!

Il l'embrasse.

LA MÈRE FAUVEAU.

Voyez le traître d'enfant! il me flatte pour me fourrer dans

3.

ses folletés ! Non, Sylvain, non ; je n'ai rien dit, et je ne dirai rien. Tu ne dois point courtiser cette Claudie, parce que tu ne peux point l'épouser.

SYLVAIN.

L'épouser ? Et où serait donc l'empêchement ? est-ce que nous sommes riches pour que je cherche une dot ? Nous avons nos bras et notre courage au travail, et Claudie apporterait cette dot-là, bien ronde et bien belle !

LA MÈRE FAUVEAU.

Mais ton père a son idée contraire, et, s'il se doutait de la tienne, il n'aurait point de repos que Claudie ne soit hors de chez nous.

SYLVAIN.

Mon père ! mon père entendra la raison !

LA MÈRE FAUVEAU.

Pas sûr ! depuis qu'il est certain que la bourgeoise a tout de bon du goût pour toi, il est comme fou de contentement, et, si on venait lui dire que tu veux épouser Claudie, Claudie la moissonneuse, Claudie la servante, ça lui ferait une mortification !...

SYLVAIN.

Mon père a la tête vive, mais non point dérangée. Il m'écoute toujours, quand je lui bataille tout doucement ses fantaisies. Mère, l'empêchement dont j'ai crainte, ce n'est point ça : c'est que Claudie ne m'aime point.

LA MÈRE FAUVEAU.

Elle a toujours bien peur de t'aimer, puisqu'elle veut partir.

SYLVAIN.

Ou bien elle a peur d'être oubliée par un autre qui l'attend peut-être dans son pays.

LA MÈRE FAUVEAU.

Ce n'est point chose impossible... Tu vois donc bien qu'il ne faut point te presser. Après tout, nous ne la connaissons point, cette fille ; ni elle ni personne de son endroit, excepté Denis Ronciat, qui dit ne point se souvenir d'elle. Nous l'avons gardée par charité sans nous informer de rien ; c'était notre devoir! mais, enfin, j'ai observé qu'elle était fort secrète, autant sur elle-même que sur les autres, et qu'elle ne répondait guère aux questions. Qui sait si elle n'a point une connaissance, bonne ou mauvaise!

SYLVAIN.

Mère, mère! qu'est-ce que vous dites là! Une mauvaise connaissance! nous ne savons rien d'elle!... Et qui connaîtrez-vous pour bonne et sage, et juste, si ce n'est point Claudie? Un mois de moisson, deux depuis, ça fait trois mois qu'elle est sous nos yeux, la nuit comme le jour. Où avez-vous jamais vu une misère si fièrement portée, une jeunesse si sévèrement défendue? Faites une comparaison de cette fille-là avec toutes les autres. Les riches sont glorieuses, coquettes, et cherchent l'argent dans le mariage. Les pauvres sont lâches, quémandeuses, et cherchent l'aumône dans l'amour. Voyez si Claudie leur ressemble, elle qui, au lieu de demander toujours quelque chose, refuse tout ce qu'elle ne peut pas payer par son travail! elle qui cache sa pauvreté et qui passe la moitié des nuits à recoudre et à laver les pauvres nippes de son père et les siennes! elle qui est si farouche à tous les hommes, que, pendant la moisson, quand elle était seule au milieu de trente garçons, pas tous bien retenus ni bien honnêtes, elle empêchait, rien que par l'air de son visage, les mauvaises paroles et les mauvaises chansons! Est-ce que je ne la voyais pas, moi, morte de fatigue et ne s'oubliant jamais; défiante même d'un regard et se faisant respecter à force de se respecter elle-même? Non, non! cette fille-là n'a jamais fait un faux pas dans sa vie, et celui qui ne voudrait pas le voir serait aveugle.

LA MÈRE FAUVEAU.

Ah! mon fils, comme te voilà épris! Allons! je vois bien qu'il faudra contrarier ton père pour te contenter. Après tout, la contrariété de ton père sera d'un moment, et ton contentement, à toi, c'est pour toute ta vie! Le voilà avec la bourgeoise, et Denis Ronciat, qui occupera l'une, du temps que nous tâcherons de persuader l'autre.

SCÈNE III

LA MÈRE FAUVEAU, FAUVEAU, ROSE, DENIS, SYLVAIN.

SYLVAIN.

Ah! il y avait longtemps qu'on ne vous avait vu, maître Ronciat! pas depuis la moisson!

DENIS.

Tu es fâché de me voir?

SYLVAIN.

Point du tout! j'en suis content.

DENIS.

J'aurais cru... différemment, que tu n'étais point pressé de voir la fin de mon absence.

ROSE.

Et à cause qu'il s'en serait réjoui? Est-ce donc que vous portez ombrage à toute la jeunesse du pays?

DENIS.

Ah! voilà que vous me taquinez encore, la belle Rose! Je pourrais bien vous rendre la pareille!

ROSE.

Essayez-y donc une fois, qu'on voie enfin sortir l'esprit que vous tenez si bien fermé de clef dans votre cervelle.

FAUVEAU, inquiet et se battant les flancs.

Ah! font-ils rire! font-ils rire!

DENIS.

J'aurai peut-être bien plus d'esprit que vous ne voudrez si je dis seulement les choses comme elles sont.

FAUVEAU.

Quelles choses, donc?

DENIS.

Je les dirai à la Rose si elle veut causer avec moi tout seul.

ROSE.

Eh bien, c'est ça, causons! car voilà une heure que vous m'ennuyez avec des disettes que je ne comprends point.

SYLVAIN, au fond, avec sa mère, à Fauveau.

Venez, mon père, j'ai aussi quelque chose à vous dire, avec ma mère que voilà.

FAUVEAU, à Rose.

Nous vous laissons, notre maîtresse ! (Bas.) Mais, si c'est du mal de Sylvain qu'il veut vous dire, n'en croyez rien.

ROSE, bas, à Fauveau.

Ne t'inquiète point, je m'en vas lui donner son congé, à ce Ronciat ! (Regardant Sylvain qui monte l'escalier.) Mais, si ton garçon m'aime, fais-lui donc entendre qu'il est trop craintif avec moi et qu'il serait temps de me le dire lui-même.

FAUVEAU, de même.

Il demande à me parler, je réponds que c'est pour ça.

SYLVAIN.

Allons, venez, mon père.

Il lui donne la main et l'aide à monter. Ils disparaissent au bout de la galerie.

SCÈNE IV

ROSE, DENIS.

ROSE, s'asseyant à gauche.

Allons, faut s'expliquer !

DENIS.

Oui, différemment faut s'expliquer, ma charmante ; car voilà trois mois que vous me faites trimer, et j'aimerais mieux savoir mon sort tout de suite que de passer pour un innocent, quand tout le monde dit et quand votre métayer dit, à qui veut l'entendre, que vous épousez Sylvain Fauveau.

ROSE.

On dit ça ? Eh bien, quand on le dirait ?

DENIS.

Excusez ! ça me moleste, moi !

ROSE.

Je ne vous ai jamais rien promis. Si vous avez voulu me

courtiser, c'est votre affaire... Vous avez couru la chance comme les autres !

DENIS.

Vous avez raison, belle Rose : un garçon doit courir ces chances-là, et vous valez bien la peine qu'on se dérange pour vous suivre.

Il prend une chaise à droite, la place près de Rose et s'assied.

ROSE.

A la bonne heure ! Parlez donc honnêtement.

DENIS.

Je parlerai tant honnêtement que vous voudrez, et, quand je dis que je suis molesté, ce n'est point tant à cause de moi qu'à cause de vous.

ROSE.

Voilà où je ne vous entends plus. Vous pensez que ce serait hontable pour moi d'épouser le fils de mon métayer parce qu'il n'est point riche... Mais, si c'était mon idée, si je me trouvais assez de bien pour deux? Quand un homme de petite condition est franc et rangé, il vaut bien autant qu'un plus relevé qui se conduit mal.

DENIS.

Et différemment... c'est pour moi que vous dites ça?

ROSE.

Non ; mais enfin, si vous voulez que je vous donne une raison de mon refus, c'est que je crois que vous avez quelque chose à vous reprocher.

DENIS.

Moi! On vous a dit du mal de moi? Je sais ce que c'est.

ROSE.

Vous le savez ? Alors, confessez-vous donc tout seul, ça vaudra mieux.

DENIS, à part.

Diache ! si ce n'était point ça !

ROSE.

Eh bien ?

DENIS, à part.

Je suis pris!

ROSE.

Tenez, Denis, vous avez une lourdeur sur la conscience. Si j'étais chagrinante, j'aurais pu vous tourmenter avec ça devant le monde ; mais j'ai voulu attendre de vous en parler seul à seul, et, puisque nous y voilà, convenez que vous avez fait du tort à quelqu'un ?

DENIS.

Pourquoi diantre croyez-vous ça? Si vous voulez croire tout ce qu'on dit !

ROSE.

On ne m'a rien dit, je n'ai rien demandé, et, d'ailleurs, l'homme que j'aurais questionné ne serait plus en état de me répondre. Mais j'ai entendu, le jour de la dernière gerbaude, des paroles que vous seriez bien en peine de m'expliquer.

DENIS.

Ce vieux qui battait la campagne?

ROSE.

Ce vieux parlait bien raisonnablement. Vous avez dit que vous ne le connaissiez point, encore qu'il fût de votre endroit. Votre pays n'est pas si gros que vous n'y connaissiez tout le monde... Vous n'êtes point revenu ici, c'est sans doute par crainte d'y rencontrer des gens qui peuvent vous faire rougir ; et, quant à moi, ne me souciant pas d'être la femme de quelqu'un à qui l'on peut dire : « Vous m'avez pris plus que la vie, vous m'avez pris l'honneur! » Ah! le vieux a dit comme ça!... Je vous ai battu froid, et, quand je vous ai rencontré depuis, à la ville, je vous ai prié de ne me plus faire ni cadeaux ni invitations.

DENIS, se levant.

Si je vous ai offensée, Rose, pardonnez-moi. Différemment, quand on est amoureux, on est jaloux, on a du dépit, on ne sait point ce qu'on dit !... Quant à ce vieux et sa fille...

ROSE, se levant.

Sa fille ? Oui, je me doutais bien qu'il était question de sa fille...

DENIS.

Pardi ! puisqu'elle vous a parlé ! Je le vois bien, qu'elle vous a indisposée contre moi !

ROSE.

Je vous jure qu'elle ne m'a jamais dit un mot !

DENIS.

Oh! vous lui avez promis de ne point la trahir.

ROSE.

Denis, vous m'en apprenez plus que je n'en savais, et j'en devine plus que vous ne m'en dites. Vous avez trompé cette jeunesse et vous êtes sans doute cause qu'elle est dans la misère et dans la peine. Voilà pourquoi son père a refusé votre argent de la gerbaude ! Tout le monde n'a pas vu ça ; mais je l'ai vu, moi !

DENIS.

Oui-da! vous avez de bons yeux ; mais vous ne voyez point tout.

ROSE.

Qu'est ce que je ne vois point?

DENIS, avec intention.

Vous ne voyez point que votre Sylvain, que vous croyez si franc et si rangé, en conte à cette même fille, à telles enseignes que bien du monde prétend que ce n'est point vous, mais elle, qu'il va prochainement épouser !

ROSE.

On dit ça ? Oh! vous en imposez, Denis!

DENIS.

Demandez-le à qui vous voudrez chez vous... Hormis les parents qui ont leur intérêt à vous tromper, tout votre monde vous dira qu'il en est affolé.

ROSE, vivement.

Affolé de cette Claudie?

DENIS, avec intention.

Elle n'est point tant laide.

ROSE, se remettant.

Non certes, elle n'est point laide! et elle est encore toute jeune; eh bien, si elle est au goût de Sylvain, pourquoi est-ce qu'il ne l'épouserait point? C'est un honnête homme, lui, et il n'est point dans le cas d'abuser d'une malheureuse.

DENIS.

Ah! vous le prenez comme ça, Rose? ça vous est égal?

ROSE.

Vous le voyez bien!

DENIS.

Pour lors, pardonnez-moi de vous avoir chagrinée et acceptez-moi pour votre mari.

ROSE, avec dépit.

Je ne veux point me marier.

DENIS.

Oh! ça se dit comme ça, mais on en revient!

ROSE.

Non, vous dis-je, restons bons amis, si vous voulez; mais ne me fréquentez plus dans l'idée de m'épouser, je vous le défends.

DENIS.

Vrai?

ROSE.

Vrai.

DENIS.

Voilà-t-il pas! parce que j'ai eu dans le temps une connaissance! comme si c'était une faute contre vous que je n'avais jamais vue! comme si c'était un mal pour un garçon de se divertir un peu devant que de songer à s'établir! comme s'il fallait damner tous ceux qui ont eu des maîtresses de bonne volonté! Voyez-vous ça! Vous faites bien la renchérie, dame

4

Rose ! (Avec intention.) Et si, vous êtes fautive comme une autre, je ne vous reproche point, moi, quelques petites aventures que vous avez eues pendant et depuis votre mariage ! Allez ! allez ! nous ne sommes pas des anges, ni vous, ni moi, ni les autres ; et vous pourriez bien avoir pour moi la tolérance que j'ai pour vous !

ROSE.

Vous voulez faire l'insolent, ça ne servira qu'à me dégoûter de vous davantage.

DENIS.

Non, ça n'était point dans mon intention.

ROSE.

Si fait ; vous autres beaux garçons à la mode, vous tirez gloire de vos faiblesses, et vous tenez les nôtres à déshonneur. Mais je sais, moi, que personne ne peut venir me dire que je lui ai fait du tort, que je l'ai mis dans la peine et laissé dans la honte. Mes fautes, si j'en ai commis, n'ont nui qu'à moi, tandis que la vôtre a été tout profit pour vous, tout dommage pour le prochain. Allez-vous-en là-dessus, et ne me parlez point davantage.

DENIS.

Voilà donc mon congé expédié ! On tâchera de s'en consoler ! (A part, en se retirant.) Je dois ça à Claudie. Ah ! par ma foi, Claudie, tu me le payeras !

Il sort.

SCÈNE V

ROSE, seule.

Ça n'est pas vrai ! Sylvain ne regarde point cette Claudie. Son père ne serait point assez fou pour me dire qu'il est malade d'amitié pour moi, tandis qu'il songerait à une autre. (Apercevant le père Fauveau au haut de la galerie.) Ah ! le voilà, ce père Fauveau. Faut en finir ! faut savoir la vérité !

SCÈNE VI

ROSE, FAUVEAU, avec une figure consternée.

ROSE.

Eh bien vieux, qu'est-ce que c'est que cette mine-là que vous me faites? qu'est-ce qu'il y a de nouveau?

FAUVEAU, qui est descendu et qui est au fond.

Il y a de nouveau que... Il n'y a rien, notre maîtresse.

ROSE.

Ah! ne me lanterne pas comme ça, père Fauveau; j'ai dans l'idée que tu me trompes ou que tu te trompes toi-même. Ton garçon ne pense point à moi, il veut épouser votre servante Claudie.

FAUVEAU.

Ah! vous savez donc la chose?

ROSE.

C'est donc vrai?

FAUVEAU.

Non, ça n'est pas vrai! c'est une songerie qu'il a mise dans la tête de sa mère. Il n'aura point mon consentement, d'abord.

ROSE.

Il est majeur et tu ne peux pas l'empêcher de faire ce qu'il veut. D'ailleurs, tu n'es pas déjà si maître chez toi, et tu finis toujours par céder.

FAUVEAU.

Je ne céderai point. Soutenez-moi, dame Rose, et vous verrez!

ROSE, avec dépit.

Que je te soutienne pour forcer ton garçon à m'épouser? Est-ce que tu es fou? est-ce que tu crois que j'y tiens, à ton garçon? est-ce que je manque d'épouseux, pour en vouloir un qui ne veut point de moi?

FAUVEAU.

La la! vous êtes en colère, notre bourgeoise! tout ça se

passera. Tenez bon, je vous dis, et Sylvain reviendra de cette folleté. Vous l'aimez, c'est sûr, puisque vous voilà toute rouge et toute dépitée.

ROSE.

Je confesse que je suis en colère, mais c'est du mauvais personnage que tu m'as fait jouer. Tu t'es gaussé de moi, tu as fait accroire à ton gars que j'étais coiffée de lui, et, à cette heure, je vais servir de risée à lui et à cette Claudie! mais j'en serai assez vengée, va! qu'il l'épouse, sa Claudie! je veux que tu y donnes ton consentement, je veux que ça soit vite conclu; je ne demande que ça.

FAUVEAU.

Est-ce que vous savez sur elle quelque chose qui pourrait en dégoûter Sylvain? Faut le dire bien vite!

ROSE.

Non, je ne suis point traître! je ne dirai rien; mais qu'il l'épouse, sa Claudie, qu'il l'épouse!

Elle sort.

SCÈNE VII

FAUVEAU, seul.

Tout n'est point fini encore! Voyons, faut pas perdre la tête surtout! Je vas d'abord renvoyer cette malheureuse! Non, ça serait pis. Je vas savoir ce que Denis Ronciat a pu dire d'elle à la bourgeoise!... c'est ça.

Il remonte vers le fond et voit Sylvain qui entre pâle et défait.

SCÈNE VIII

SYLVAIN, FAUVEAU.

FAUVEAU.

Ah! vous voilà, vous? Eh bien, vous êtes dans l'intention de choquer votre père et de l'offenser?

SYLVAIN.

Non, mon père, je ne crois pas vous offenser en vous disant que je veux tenir la conduite d'un honnête homme. Je ne me marierai point pour de l'argent. Je ne tromperai point une femme qui est bonne pour nous, pour tout le monde, et qui mérite d'avoir un homme qui l'aime franchement. Je ne dirai donc jamais à la Grand'Rose que je l'aime. Je mentirais, et vous ne voudriez pas faire de votre fils un menteur.

FAUVEAU.

Je ne peux pas te forcer là-dessus; mais je t'empêcherai d'épouser cette misère, cette loqueteuse de Claudie.

SYLVAIN.

Pourquoi me parlez-vous de Claudie? Est-ce que je vous ai dit que je voulais l'épouser?

FAUVEAU.

Ta mère me l'a dit devant toi et tu n'as pas dit non.

SYLVAIN.

J'ai dit que, si elle était aussi honnête qu'elle le paraissait, sa pauvreté était un mérite de plus; je n'ai dit que ça, mon père; là-dessus, vous vous êtes enlevé, et le respect que je vous dois m'a empêché de continuer le discours que nous avions ensemble.

FAUVEAU.

Et, à présent que tu me vois plus tranquille, tu viens me dire que tu t'obstines contre moi?

SYLVAIN.

Non, mon père. J'ai réfléchi un moment, et j'ai vu que le mariage ne me convenait point.

FAUVEAU, allant à lui.

Ce mariage-là ne te convient point, à la bonne heure, mon garçon, te voilà plus raisonnable!... j'avais pris la mouche un peu vite... Ne pensons plus à ça, Sylvain, pas vrai?

SYLVAIN.

Si je vous ai manqué en quelque chose, pardonnez-le-moi, mon père.

FAUVEAU.

Non, non, mon garçon. C'est moi qui suis précipiteux. N'y pensons plus! (A part.) Ça se remmanche! il n'y a pas trop de mal! Je cours dire ça à la bourgeoise et l'empêcher de faire paraître son dépit.

Il sort.

SCÈNE IX

SYLVAIN, seul, s'asseyant à droite, et pleurant.

Me marier, moi? Oh! jamais, par exemple! car il n'y a point de femme sans reproche. Non! il n'y en a point, puisque Claudie est fautive! La maîtresse de Denis Ronciat, d'un sot, d'un glorieux qui n'a pour lui que son argent, son assurance auprès des femmes, son air hardi et content de lui-même! Ah! les plus retenues dans l'apparence sont les plus trompeuses! Elle l'a aimé, elle s'est abandonnée à lui! Et sans doute qu'elle l'aime encore, et qu'elle n'est venue en moisson par ici que dans l'espérance de se faire épouser, comme il le prétend! Et moi qui croyais qu'elle m'aimait secrètement et qu'elle me le cachait par grande vertu! (Se levant.) Mais peut-être bien qu'il m'a menti, ce Ronciat! Il a du dépit de ce que la Rose ne veut point de lui, et il ne sait à qui s'en prendre. Ça ne serait pas la première fois qu'il se vanterait d'être bien avec une femme qui ne le connaîtrait seulement point. C'est la coutume des farauds comme lui! Ils vous disent ça dans l'oreille, ils vous demandent le secret, et celle qu'on décrie ne peut point se défendre... Ah! Claudie!... Je veux qu'elle me parle, qu'elle s'accuse, qu'elle se confesse de tout! Sinon, je veux la mépriser et l'oublier.

SCENE X

CLAUDIE, SYLVAIN.

Claudie est entrée, elle tient son petit sac du premier acte, va ouvrir le bas du buffet, et en retire quelques hardes, qu'elle pose sur une chaise. Sylvain, qui lui a tourné le dos brusquement en la voyant entrer, la regarde à la dérobée.

SYLVAIN, après quelques instants de silence.

Qu'est-ce que vous cherchez donc là, Claudie?

CLAUDIE.

Je prends mes effets pour m'en aller, maître Sylvain.

SYLVAIN.

Comment! vous partez?

CLAUDIE.

Tout de suite.

SYLVAIN.

Pourquoi ça? vous deviez rester encore une quinzaine?

CLAUDIE, avec douceur, s'agenouillant devant la chaise et mettant ses effets dans son sac pendant le dialogue suivant.

J'y étais décidée. Je pensais que mon travail faisait besoin dans la maison d'ici. Mais je viens de rencontrer madame Rose, qui, contre sa coutume, m'a parlé très-durement. Elle m'a dit des paroles que je n'entends point, et puis elle m'a fait connaître que mon père et moi étions une charge et un embarras dans son domaine. Là-dessus, je lui ai fait soumission, et j'allais vitement pour louer une charrette, quand votre mère, tout en pleurant, m'a dit : « Oui, il faut vous en aller, ma pauvre fille; mais ça ne serait pas assez doux, le pas du cheval, je veux que nos bœufs conduisent votre père. » Et elle a couru les faire lier. Moi, je vas quérir mon père, et je vous fais mes adieux, maître Sylvain, en vous remerciant de toutes les complaisances et honnêtetés que vous avez eues pour nous.

SYLVAIN.

Madame Rose a eu tort, vous ne nous gêniez point.

CLAUDIE.

Ayant travaillé de mon mieux, je no croyais point que la maladie de mon père vous eût porté nuisance. Mais on a été si bon pour nous ici, que j'aurais grand tort de me plaindre pour un petit moment d'humeur. Tant que je vivrai, je vous aurai de l'obligation à tous, et à vous en particulier, maître Sylvain, pour ce que véritablement vous avez sauvé la vie à mon père; et si, malgré que je n'ai rien et que je ne peux pas faire beaucoup, vous veniez à avoir besoin de moi pour quelque service dans mon moyen et dans mon pays, je serais aux ordres de votre famille et bien contente de vous obliger.

Elle se lève.

SYLVAIN, ému.

Merci, Claudie, merci! (A part.) O mon Dieu! pour la première fois qu'elle me parle si amiteusement, ne pouvoir pas m'en réjouir! (Haut.) Et vous partez? vous n'avez plus rien à me dire?

CLAUDIE.

Rien que je sache, maître Sylvain.

SYLVAIN.

Et vous ne savez point ce que la bourgeoise a contre vous?

CLAUDIE.

Non.

SYLVAIN.

Qu'est-ce qu'on peut lui avoir dit pour vous mettre mal avec elle?

CLAUDIE.

Je n'en veux rien savoir, pour n'emporter de rancune contre personne.

SYLVAIN.

Vous ne pensez pas que ça serait quelqu'un de chez vous?... par exemple,... Denis Ronciat?...

CLAUDIE, tressaillant:

Si quelqu'un a dit des méchancetés ou des faussetés sur moi, que le bon Dieu lui pardonne.

SYLVAIN.

Mais si c'étaient des vérités?

CLAUDIE.

Je ne crains pas qu'aucune vérité dite sur mon compte me mérite l'affront des bons cœurs et des honnêtes gens.

SYLVAIN.

Aussi, ceux qui vous affrontent ont grand tort; mais vous auriez pu éviter cela en allant de vous-même au-devant des accusations.

CLAUDIE.

Pour quoi faire, puisque je ne voulais point rester ici?

SYLVAIN.

Mais une personne comme vous doit vouloir emporter l'estime d'un chacun?

CLAUDIE.

Ça ne regarde que moi!

SYLVAIN.

Ça regarderait pourtant l'homme qui vous aimerait?

CLAUDIE.

Qui m'aimerait!... Je ne veux point être aimée.

SYLVAIN.

Vous souhaitez pourtant vous marier?

CLAUDIE.

Vous vous trompez bien.

SYLVAIN.

Oh! par exemple, si Denis Ronciat voulait vous épouser, vous feriez peut-être votre devoir et votre contentement en le voulant aussi?

CLAUDIE.

Je crois que je ne ferais ni l'un ni l'autre.

SYLVAIN.

Ce n'est point ce qu'il dit!

CLAUDIE.

Il parle de moi? Eh bien, moi, je ne parle point de lui!

SYLVAIN.

Écoutez, Claudie, ne vous faites point comme ça arracher

4.

les paroles une par une. Parlez-moi; marquez-moi de la confiance. Dites-moi comment et depuis quand vous connaissez
cet homme-là. Ce que vous me direz, je le croirai. Mais, si
vous ne me dites rien,... je crois tout!... (Elle fait un pas vers le
fond ; il se place devant elle. — Avec douleur.) Voyons ! ne nous quit-
tons pas comme ça ! ça fait trop de mal ! Votre conduite avec
moi n'est point franche... Vous vous taisez toujours, je le sais;
mais le silence est quelquefois une offense à la vérité, pire
que les paroles. On est coquette, des fois, en ayant l'air
d'être farouche... On attire les gens en ayant l'air de les
repousser !... Claudie ! Claudie, il faut tout me dire !

Il pleure et s'appuie contre le buffet.

CLAUDIE, passant un peu à droite, toujours en gagnant la sortie.

Je m'en vas, maître Sylvain, voilà tout ce que j'ai à vous
dire. Je ne relève point les mauvais sentiments que vous me
prêtez. Tant que j'ai un pied dans votre logis, je vous dois le
respect, et vous regarde comme mon maître, ayant accepté
de travailler sous votre commandement. Il a été doux et hu-
main jusqu'à cette heure; laissez-moi partir là-dessus.

SYLVAIN, avec force, se tenant devant la porte.

Eh bien, si je suis votre maître, comme vous dites, j'ai le
droit de vous interroger, afin de vous défendre et de vous
justifier, si vous êtes accusée à tort.

CLAUDIE.

Oui, si je voulais rester chez vous, vous auriez ce droit-là,
et j'aurais le devoir de vous répondre ; mais je ne voulais pas
rester, je ne le veux pas, et je pars. (Avec douleur et lentement en
poussant la petite porte, et o regardant.) Adieu, maître Sylvain, je
vas querir mon père, la voiture est prête.

Elle sort.

SCÈNE XI

SYLVAIN, seul, tombant assis près de la porte, et pleurant.

Mon Dieu, mon Dieu ! qu'elle est donc fière et patiente, et
froide! Si avec tout ça elle n'est pas honnête, c'est la der-

nière des malheureuses!... Mais si elle est honnête... Denis est
un vaurien, et moi un fou... un imbécile!... (Regardant dehors.)
Ah! oui! mon Dieu! voilà les bœufs attelés! elle va partir...
Partir! Et qu'est-ce que je vas donc devenir, moi?

SCÈNE XII

SYLVAIN, ROSE.

SYLVAIN.

Eh bien, notre bourgeoise, vous avez donc congédié notre
servante?

ROSE.

Moi? Point du tout! Je n'ai point droit sur vos servantes.
Vous les prenez, vous les payez, vous les nourrissez, vous
les renvoyez. Ça ne me regarde pas.

SYLVAIN.

Ça n'est pourtant point nous qui renvoyons la Claudie,
c'est vous!

ROSE.

Et, quand je vous dis que non, vous croirez cette fille-là
plus que moi?

SYLVAIN.

Vous l'avez rudement menée, à ce qu'il paraît! Qu'est-ce
que vous avez donc contre elle?

ROSE.

Et qu'est-ce que vous voulez que j'aie contre cette servante? Je ne m'en occupe point.

SYLVAIN.

En ce cas, dites-lui donc que vous n'avez pas regret à la
nourriture de son père, car elle croit que vous y trouvez à
redire et elle nous quitte.

ROSE, avec dépit.

Elle me fait passer pour une avare et une sans-cœur,
parce que je lui ai demandé si elle comptait rester chez vous
encore longtemps! Est-ce que je sais ce que je lui ai dit

moi ? Oh! la mauvaise engeance que ces sortes de filles-là!
C'est fier, c'est susceptible, c'est méchant! On ne peut pas
leur dire un mot sans que ça vous mette le marché à la main.

SCÈNE XIII

SYLVAIN, ROSE, CLAUDIE, conduisant RÉMY, qui se
traîne lentement, mais qui montre une certaine inquiétude qu'il
n'avait pas au commencement de l'acte ; FAUVEAU, LA
MÈRE FAUVEAU entrent en même temps. Fauveau se tient
soucieux et silencieux à l'écart; sa femme s'occupe de Rémy et de
Claudie avec bonté.

LA MÈRE FAUVEAU, au fond du théâtre.

Mais non, mais non, père Rémy, on ne vous renvoie point
d'ici. On vous quitte de bonne amitié, et vous allez boire un
coup devant que de partir.

SYLVAIN, à Rose, haut.

Tenez, les voilà qui partent! Il ne faudrait pourtant pas
avoir l'air de renvoyer comme ça des gens qui ont eu un
bon comportement chez nous et qui voulaient d'eux-mêmes
s'en aller. Encore tantôt ma mère les avait priés de rester.
Madame Rose, ça nous fait passer pour des gens rudes et sans
parole, ces manières-là! Et vous qui d'accoutumance êtes
très-bonne, vous devriez leur dire au moins une douce parole
pour les consoler.

ROSE.

Vous êtes les maîtres chez vous. Gardez-les si ça vous convient!

FAUVEAU, avec humeur, descendant à droite, près de Rose

Minute! Après vous, madame Rose, c'est moi qui suis le
maître céans. La femme et le garçon n'ont rien à dire quand
j'ai parlé, et je parle. Je ne me plains pas de ces gens là. Je
leur ai fait du bien, je ne le regrette point; mais je dis qu'ils

peuvent et qu'ils doivent s'en aller tout de suite, c'est ma volonté.

RÉMY, faisant un effort pour parler.

Ils doivent s'en aller?

SYLVAIN, à gauche, près de sa mère.

Mon père, vous êtes le maître ici, personne n'ira jamais à l'encontre. Mais vous êtes un homme juste, et vous ne devez rien croire à la légère. Si on vous avait menti, vous regretteriez, le restant de vos jours, d'avoir été dur au pauvre monde?

ROSE, avec dépit.

Allons, Fauveau! dis-leur donc de rester! Qu'est-ce que ça me fait, à moi? Tu vois bien que ton fils en tient pour cette fille et qu'il te faudra les marier un jour ou l'autre. Quant à moi, j'y donne les mains, c'est le moyen de faire prendre fin à toutes les sottises qu'on s'est mises dans la tête à mon sujet. Sylvain est peut-être assez simple pour croire que j'ai souhaité d'être recherchée par lui, tandis que...

SYLVAIN.

Eh non, notre maîtresse! je n'ai jamais cru ça, et je ne sais pas pourquoi vous venez dire toutes ces choses-là!

FAUVEAU.

Je ne sais pas non plus, madame Rose, pourquoi vous dites devant cette fille que mon garçon a idée de l'épouser, quand il m'a dit de lui-même ce qu'il pensait d'elle, il n'y a pas un quart d'heure.

RÉMY, même jeu.

Cette fille! qui donc cette fille?

SYLVAIN.

Pour cette chose-là, excusez-moi, mon père. Je ne vous ai rien dit du tout, ni en bien ni en mal, et ce que je pense d'elle pour le moment, le bon Dieu tout seul en a connaissance.

FAUVEAU.

C'est bien parlé, mon fils; on ne doit faire rougir personne; mais je peux dire à madame Rose que vous avez connaissance de la vérité.

SYLVAIN.

Mon père, vous vous avancez trop. Je ne sais rien de mauvais sur le compte de Claudie, partant je ne dois croire à rien.

FAUVEAU.

J'ai cru que Denis Ronciat t'avait dit ce qu'il vient de me dire ?

RÉMY.

Denis Ronciat !

SYLVAIN.

Denis Ronciat ne fait pas autorité pour moi.

FAUVEAU.

Mais les registres de l'état civil font autorité, et, si l'on veut consulter ceux de son endroit (montrant Claudie), à l'article des naissances, on y verra le nom d'un enfant dont cette fille-là est la mère et dont le père est inconnu.

SYLVAIN.

Mon père, mon père ! vous êtes sûr de ce que vous dites là ?

FAUVEAU.

Demande-lui à elle-même, et, si elle le nie...

Claudie s'approche pour répondre; le père Rémy, qui pendant toute cette scène s'est agité de plus en plus, retrouve enfin ses facultés et arrête Claudie.

RÉMY.

Tais-toi, ma fille; ne dis rien ! c'est à ton père de répondre !

LA MÈRE FAUVEAU.

La! vous avez cru que ce pauvre vieux ne faisait plus cas de rien, et voilà que vous lui faites boire son calice !

RÉMY, d'une voix qui s'éclaircit et s'élève peu à peu.

Hélas ! c'est bien dit : mon calice! je me croyais mort, et je me tenais en repos, sans vouloir comprendre où j'étais et ce que je faisais encore en ce monde. Mais vous m'avez ré-

veillé, et je veux vivre ! vivre, quand ça ne serait qu'un moment, pour vous dire que vous êtes des malheureux, plus
malheureux que moi ! Vous accusez ma fille ! ma fille, qui ne
vous demande rien, pas plus que moi, qui travaille comme un
galérien pour me faire vivre, qui a été bonne mère autant
qu'elle est bonne fille ! ma Claudie, ma pauvre Claudie ! (Claudie se cache en sanglotant dans le sein de son père.) Eh bien, oui,
c'est vrai qu'elle a été trompée, c'est vrai qu'à l'âge de
quinze ans elle a écouté un garçon sans cœur et sans religion.
Elle l'a aimé, elle l'a cru honnête ; il n'y a que celles qui
n'aiment point qui se méfient ! Oui, c'est vrai qu'un enfant mé-
connu et abandonné de son père a été élevé dans notre pauvre
logis ! (Sylvain tombe assis à gauche près de sa mère, se cache la figure
dans ses mains, et reste dans cette position jusqu'à la fin de l'acte.
Rémy, continuant, aux autres personnages.) Le pauvre enfant ! si beau
si doux, si caressant, si malheureux ! un ange du bon Dieu qui
nous consolait de tout, et qui ne nous faisait pas honte, nous
l'aimions trop pour ça !... Et, dans notre endroit, chacun l'aimait et le plaignait d'être si chétif qu'il ne pouvait pas vivre !
Pauvre petit ! il avait été nourri de larmes ! Et vous nous re-
prochez ça ! Vous chassez ma fille comme une vagabonde, et
vous ne chassez point à coups de fourche et de fourchat un
infâme, qui, après lui avoir juré le mariage, l'a délaissée, oubliée dans sa misère, et qui ose encore venir auprès de vous
l'accuser du tort qu'il lui a fait ? Vous avez pourtant vu
comme cette fille souffre et travaille ! vous ne lui avez jamais
entendu faire une plainte, ni un reproche, ni une bassesse,
ni une avance ! et vous osez dire qu'elle veut se faire épouser
par votre garçon ! (Montrant Sylvain.) Est-ce qu'il est digne
d'elle, votre garçon ? Qu'il soit honnête homme et bon ouvrier tant qu'il voudra, est-ce qu'il a montré sa vertu par des
épreuves comme les nôtres ? est-ce qu'il a été foulé de misère
et de chagrin comme nous ? est-ce qu'il connaît comme nous la
patience et la soumission aux volontés du bon Dieu ?... Non,
non ! ne soyez pas si fiers ! Vous êtes plus aisés que nous, et
voilà tout ce que vous avez de plus que nous dans ce monde ;

mais nous verrons là-haut, nous autres, qui sera le plus près du Dieu juste !... (Entraînant Claudie dans le fond.) Viens, ma Claudie ; allons-nous-en ! il me reste encore assez de force pour gagner ma pauvre cabane, où je veux mourir en paix !

LA MÈRE FAUVEAU et ROSE, éperdues.

Non, vous ne partirez pas comme ça... père Rémy ! père Rémy !...

RÉMY, s'exaltant toujours.

Retirez-vous ! nous ne voulons plus rien de vous autres !... Ah ! vous croyez que je n'aurais plus la force de défendre ma fille ; essayez-y un peu !

Il sort avec Claudie en menaçant avec égarement les personnages qui veulent s'opposer à son départ.

ACTE TROISIÈME

Même décoration qu'au deuxième acte. La table qui était à droite est à gauche ; dessus est une soupière une assiette, un couvert.

SCÈNE PREMIÈRE

FAUVEAU, LA MÈRE FAUVEAU.

Fauveau est assis à la table, où son souper est servi ; il semble n'y pas faire attention.

LA MÈRE FAUVEAU, assise près de lui à gauche.

Eh bien, mon mari, mangez donc votre souper.

FAUVEAU, d'un air contrarié.

Merci, femme, je n'ai pas faim.

LA MÈRE FAUVEAU.

Avalez une verrée de vin blanc. Ça vous remettra en appétit.

FAUVEAU.

Non, femme, je n'ai pas soif.

LA MÈRE FAUVEAU.

C'est donc que vous êtes malade?

FAUVEAU.

Eh non, femme, je me porte bien.

LA MÈRE FAUVEAU.

Tenez, mon homme, vous avez du souci.

FAUVEAU.

Ma foi, non, je suis plutôt content.

LA MÈRE FAUVEAU.

Ah! vous êtes content, vous? Il n'y a pas de quoi.

FAUVEAU, avec colère.

Voyons, qu'est-ce qu'il y a? Tredienne! depuis tantôt deux heures, vous me boudez, vous ne me parlez point, et, à cette heure, voilà que vous me regardez avec des yeux tout moites, qui ne valent rien.

LA MÈRE FAUVEAU, tristement.

Mon pauvre cher homme, les yeux de votre femme sont le miroir de votre conscience, et vous n'êtes point content de mes yeux, quand vous n'êtes point content de vous-même.

FAUVEAU.

Tu veux que notre garçon ait raison d'aimer cette Claudie? Eh bien, tu es folle! j'aimerais mieux me couper les deux bras que de donner la main à un mariage comme ça.

LA MÈRE FAUVEAU.

Vous aimeriez mieux perdre votre fils?

FAUVEAU.

Femme, femme, je ne sais pas si c'est pour m'endormir, mais vous me dites là des paroles!...

LA MÈRE FAUVEAU.

Ah! que les hommes sont aveugles!

FAUVEAU, avec colère.

Aveugle, moi?

LA MÈRE FAUVEAU.

Vous n'avez donc point vu ce que Sylvain a tenté quand la charrette qui emmenait Claudie et son père est sortie de la cour?

FAUVEAU.

Tenté? Non! j'ai bien vu qu'il blêmissait et qu'il tombait comme en faiblesse; mais ça s'est passé tout de suite.

LA MÈRE FAUVEAU.

Vous avez cru qu'il tombait en faiblesse, là, tout justement sous la roue de la voiture à bœufs?

FAUVEAU.

Ma fine, quand on est pris de pâmoison, on ne sait point où l'on tombe.

LA MÈRE FAUVEAU.

Pas moins, une minute de plus, et la roue lui passait sur la tête. Sans le bouvier, le bon Thomas, que Dieu bénisse! qui s'est trouvé là tout à point pour arrêter ses bêtes, il était mort!

FAUVEAU.

Tu veux donc croire absolument qu'il l'a fait exprès?

LA MÈRE FAUVEAU, se levant et se rapprochant de son mari.

Je ne le crois pas, Fauveau, j'en suis sûre! Sylvain n'était point en faiblesse. Il était blanc comme un linge, mais il avait toute sa force, tout son vouloir; mêmement il a pris son temps, il a regardé si on ne l'observait point, et, quand il a cru que je ne le voyais plus, quand il a eu appelé une dernière fois Claudie, qui n'a pas seulement voulu tourner la tête de son côté, il a dit : *C'est bien!* Et il s'est jeté sous la voiture pour se faire écraser. Demandez-le à Thomas, qui lui a dit en le relevant malgré lui : « Qu'est-ce que vous faites là, mon maître? vous voulez donc mécontenter le bon Dieu? » Demandez-le à madame Rose, qui lui a dit : « Qu'est-ce que vous faites là, Sylvain? vous voulez donc faire mourir votre mère? » — J'ai accouru, j'ai questionné, personne n'a voulu me répondre. Vous avez crié à Thomas : « Marche, marche! » Sylvain a dit que le pied lui avait coulé en se retournant. Il a fait comme s'il voulait me sourire. Ah! quel sourire, mon homme! si vous l'aviez vu comme je l'ai vu, vous ne dormiriez pas cette nuit.

Elle sanglote.

FAUVEAU, tout démoralisé.

Si tu crois ça, il faudrait... il faudrait...

LA MÈRE FAUVEAU, se levant.

Qu'est-ce qu'il faudrait? Jamais ces gens-là ne voudront revenir céans! on les a trop molestés, en leur reprochant leur mauvais sort!

FAUVEAU.

Je sais que j'ai été trop loin, ça, c'est vrai, et j'en ai été repentant tout de suite; mais j'ai fait tout mon possible pour les raccoiser. Ils n'ont voulu entendre à rien. Ils sont trop orgueilleux, aussi! Laissons-les aller. On se raccommodera plus tard... à l'occasion... (Se levant.) Tiens, on leur enverra cinq boisseaux de blé pour leur hiver!... Mais faut d'abord tâcher de reconsoler Sylvain. Où est-il, à cette heure?

LA MÈRE FAUVEAU, sans tourner la tête.

Il est dans la grange, étendu sur un tas de paille, la tête tout enterrée en avant, comme quelqu'un qui ne veut plus rien dire, rien voir et rien entendre.

FAUVEAU, après un temps et faisant tourner sa femme devant lui.

Peut-être qu'il dort.

LA MÈRE FAUVEAU, le regardant fixement.

Oh! non, qu'il ne dort pas! Il étouffe l'envie qu'il a de gémir et de crier. Il s'est jeté là comme un homme qui a plus de peine qu'il n'en peut porter. Quand je m'approche de lui, il fait comme s'il dormait; mais votre neveu Jean, qui est là caché derrière la crèche, et qui m'a juré de ne pas le perdre de vue, m'assure qu'il pleure en dedans et qu'on entend son pauvre cœur qui saute et gronde comme une rivière trop pleine.

FAUVEAU, prenant un air sombre.

Il finira par entendre raison; laissons-le pleurer son soûl.

LA MÈRE FAUVEAU, comme avec reproche.

Oui! oui! trouve-lui des larmes! comme si c'était bien aisé à un homme qui a de la force, de se fondre comme une neige au soleil! Je vous dis qu'il ne pleurera point et qu'il

n mourra, soit d'un coup de colère et de folie, soit d'une
anguition d'ennuyance et de dégoût.

FAUVEAU, s'éloignant d'elle.

Femme ! vous me menez trop durement ! à vous entendre,
je suis un mauvais père et j'ai tué mon fils.

LA MÈRE FAUVEAU, allant à lui, avec douceur.

Non, mon homme ! mais vous avez voulu suivre vos idées
d'ambition, vous avez humilié des malheureux, et voilà que
Dieu vous en punit. Votre fils veut mourir, et notre maîtresse
vous blâme et nous quitte.

SCÈNE II

FAUVEAU, LA MÈRE FAUVEAU, puis ROSE, puis
RÉMY et CLAUDIE.

ROSE, derrière le théâtre.

Venez, venez, mes braves gens ! Oh ! je le veux ! je suis la
maîtresse, moi !

Elle rentre et jette sa cape sur une chaise, Rémy et Claudie la suivent
et restent hésitants au fond du théâtre.

LA MÈRE FAUVEAU, courant au-devant d'eux.

Ah ! mon Dieu ! vous nous les ramenez, notre maîtresse !

FAUVEAU, allant vers eux lentement et s'arrêtant à mi-chemin.

Ah ! tiens ! vous les avez ramenés, notre maîtresse ?

ROSE, essoufflée.

Et ce n'est pas sans peine ! J'ai couru après eux toujours
au galop ! J'ai commandé à Thomas de retourner malgré eux.
Oh ! j'aurais plutôt fait verser la voiture que de les laisser partir fâchés contre nous ! c'est nous qui avions tort !
Vous d'abord, père Fauveau, et puis moi par suite. C'est-il la
faute de ces pauvres gens si vous m'avez conté des menteries ?
Tu m'entends, Fauveau ; mais je te pardonne, à condition que

Claudie et son père seront les bienvenus chez toi... c'est-à-dire chez moi !

LA MÈRE FAUVEAU, allant à Rose.

Comment ! notre maîtresse ? vous avez été vous-même..., vous avez réussi à...? vous êtes consentante de...? Tenez (elle lui saute au cou), vous êtes une brave femme, une bonne maîtresse, une personne bien comme il faut, un cœur... oh ! le bon cœur que vous avez, madame Rose ! Vous avez le sang vif comme un follet, mais ça se retourne tout de suite du bon côté, et, ma fine, faut que je vous embrasse encore ! (Elle l'embrasse et ajoute en baissant la voix.) C'est le bon Dieu qui vous a conseillée pour empêcher un grand malheur, et, puisque c'est comme ça, vous irez jusqu'au bout, pas vrai ?

ROSE.

Oui ; qu'est-ce qu'il faut faire ?

LA MÈRE FAUVEAU, poussant Rose à droite, afin d'éviter d'être entendue par son mari, qui débarrasse la table et qui tâche d'écouter. — A Rose.

Voulez-vous venir avec moi ?

ROSE, bas.

Ah ! je devine ! Allons, allons !

FAUVEAU, à Rose, qui remonte au fond.

Où est-ce donc que vous courez tout de suite comme ça, notre maîtresse, avant qu'on ait eu le temps de se reconnaître ?

ROSE.

C'est notre secret ! Tu le sauras plus tard. Allons, père Rémy ! allons, Claudie ! approchez-vous donc et vous reposez. Vous êtes ici chez vous, entendez-vous bien ? et mon métayer veut absolument s'excuser des mauvaises raisons de tantôt.

LA MÈRE FAUVEAU.

Venez, venez, notre maîtresse.

La mère Fauveau et Rose sortent.

SCÈNE III

FAUVEAU, RÉMY, CLAUDIE.

FAUVEAU, mal à l'aise.

Mais où est-ce donc que vous allez comme ça, notre maîtresse ? (Il veut sortir comme pour suivre Rose, et se trouve face à face avec le père Rémy et Claudie, qui sont au fond du théâtre.) Par ainsi, mon vieux, vous voilà revenu ? C'est bien. Je n'ai rien contre vous, moi, d'abord ! Vous comprenez la chose... que... à cause de notre maîtresse... et puis la vivacité !... qu'on dit comme ça une parole... et puis une autre... (Cherchant à s'en aller et parlant à la cantonade.) Mais où donc est-ce que vous allez comme ça, notre maîtresse ? (Rémy et Claudie se rangent silencieusement pour le laisser passer. Rémy l'observe froidement. Claudie paraît ne rien voir et ne rien entendre autour d'elle.) Entrez donc ! asseyez-vous. Vous êtes chez vous, comme dit notre maîtresse. Moi, faut que j'aille voir où ce qu'elle court comme ça, notre maîtresse !

Il s'esquive.

SCÈNE IV

RÉMY, CLAUDIE.

Ils redescendent le théâtre. Claudie est morne et absorbée.

CLAUDIE.

Mon père, pourquoi est-ce que vous m'avez ramenée ici ?

RÉMY.

Eh bien, ma fille, est-ce que ce n'était pas aussi ton idée ? Est-ce que j'ai jamais eu une autre idée que la tienne ?

CLAUDIE.

Mais ce n'était point mon idée, cher père ! Et c'est tout à fait malgré moi que vous avez cédé à madame Rose.

RÉMY.

Tu étais malade.

CLAUDIE.

Je ne suis pas malade. D'ailleurs, nous serions rendus chez nous à cette heure. Qu'est-ce que nous venons faire ici, mon Dieu ? Ce n'est point notre place !

RÉMY, la regardant.

Que veux-tu ! madame Rose est si bonne ! elle criait, elle pleurait ! fallait-il résister à son bon cœur ? J'ai cru que tu serais bien aise de lui pardonner et de revoir la mère Fauveau qui t'aime tant !

CLAUDIE.

Je pardonne à tout le monde, mais je ne voulais pas revenir. Et vous ne m'écoutiez pas !

RÉMY.

Ne me gronde pas, Claudie. Que veux-tu ! à mon âge, et quand on sort tout d'un coup d'une maladie, on retombe, on perd son courage !

CLAUDIE.

Non, grâce au bon Dieu, vous êtes guéri comme par miracle ! (Le regardant à son tour.) Vous avez l'air tranquille et fort, et tout reverdi, mon cher père ! allons-nous-en

RÉMY.

Je ne me sens point de mal ; mais je suis las, bien las fille !

Il s'as**Il s'asseoit à gauche** et dépose son bâton et son chapeau sur la table.

CLAUDIE, s'agenouillant devant lui.

C'est vrai, mon Dieu, vous devez l'être ! Ah ! mon pauvre père ! je suis la cause qu'on vous tue !

RÉMY.

Eh bien, est-ce que je me plains de quelque chose ? Pourquoi me dis-tu ça ? Est-ce que je t'ai jamais fait un reproche, moi ?

CLAUDIE.

Oh ! vous, vous êtes le bon Dieu, pour moi !

RÉMY.

Je ne suis pas le bon Dieu, Claudie ! Je suis un pauvre

homme que le malheur a tordu comme un brin de paille,
mais à qui, tout de même, Dieu a envoyé un grand secours
en lui donnant une fille comme toi !

CLAUDIE, sombre.

Une fille qui l'a déshonoré !...

RÉMY, se levant avec elle.

Tais-toi, Claudie! tu n'as point le droit d'accuser et de mau-
dire la fille que j'aime ! Ta faute n'a perdu que toi, et mon
devoir est de te la faire oublier. Le sauveur des pauvres hu-
mains a pris la brebis égarée sur ses épaules, et ce que le bon
pasteur a fait pour son ouaille, un père ne le ferait pas pour
sa fille ? Tu as eu assez de repentir, tu as assez souffert, assez
pleuré, assez travaillé, assez expié, ma pauvre Claudie. D'ailleurs, notre péché est le même : nous avons eu trop de confiance, nous n'avons pas connu les mauvais cœurs. Nous en
avons été assez punis, puisque nous avons perdu notre pauvre petit! Tu n'as donc plus que moi, comme je n'ai plus que
toi sur la terre ! Et nous ne nous aimerions pas? Va, il y a
assez longtemps que tu te déchires le cœur, je veux que tu te
pardonnes à toi-même. Entends-tu, Claudie, c'est ma volonté.

Sur la fin du récit, Rémy a défait les cordons de la cape de Claudie et
il lui fait signe de la mettre sur une chaise. Claudie obéit.

CLAUDIE.

Mon père, je n'aime que vous, je n'aime que vous au
monde !

SCÈNE V

LES MÊMES, LA MÈRE FAUVEAU et ROSE avec
SYLVAIN entre elles deux; elles l'amènent comme malgré lui.

ROSE.

Allons, Sylvain, faut que tout le monde me cède aujour-
d'hui !

LA MÈRE FAUVEAU.

Oui, oui, Sylvain, la bourgeoise veut être obéie.

Sylvain est amené en face de Claudie; il tressaille et veut se dégager.

SYLVAIN.

Ma mère, madame Rose, je ne sais point ce que vous souhaitez de moi !

ROSE.

Vous ne voulez point dire au père Rémy que vous êtes
content de le revoir chez nous? En ce cas, je l'emmène, j'ai
à lui parler.

Elle prend Rémy par le bras gauche.

LA MÈRE FAUVEAU, prenant l'autre bras de Rémy.

Et moi aussi, j'ai à lui parler. Venez, père Rémy.

RÉMY, qui a pris son chapeau et son bâton, hésitant.

Mais... c'est donc des secrets?

ROSE.

Peut-être! vous verrez! Allons, avez-vous peur de moi?
Oh ! je ne suis pas si diable que j'en ai l'air !

Claudie veut suivre son père, la mère Fauveau l'arrête en souriant.

LA MÈRE FAUVEAU.

Ah! ma fille, vous êtes une curieuse !

RÉMY, naïvement, à Claudie.

Elle dit que tu es une curieuse...

Claudie s'arrête interdite. Ils remontent tous les trois vers le fond, et, au
moment où ils vont sortir, Sylvain, qui est près de la porte, veut suivre
sa mère; Rose le retient.

ROSE.

Sylvain, patientez un brin; tenez compagnie à Claudie qui
a eu de la peine ici. Le devoir d'un chacun est de la consoler.

SYLVAIN.

Mais je n'ai fait peine ni injure à personne, moi !

ROSE.

Eh bien, je ne peux pas en dire autant, et c'est pour ça
que je veux me confesser au père Rémy; mais la confession
ne veut pas de témoins. Restez où vous voilà.

Elle le pousse vers Claudie et sort avec la mère Fauveau et le père Rémy
entre elles deux.

SCÈNE VI

SYLVAIN, CLAUDIE.

CLAUDIE, faisant effort pour parler.

C'est vrai que vous ne m'avez point fait de peine, maître Sylvain, et que je n'ai rien contre vous; partant, nous n'avons point à nous expliquer.

Elle veut se retirer.

SYLVAIN, sans l'arrêter, mais se plaçant de manière à gêner sa sortie.

Certainement non, nous n'avons point à nous expliquer. Je ne sais pas pourquoi on a voulu que je vienne ici. Vous y êtes, Claudie, c'est bien. Je n'y trouve point à redire. On a eu tort de vous offenser, on a raison de vouloir vous en consoler, mais tout cela ne me regarde point.

CLAUDIE.

Je le sais bien, et, si je suis ici, c'est malgré moi; je ne voulais point revenir, je ne serais jamais revenue. Mon père a cédé à madame Rose, mais ce n'est point pour rester, et je compte que nous allons repartir.

SYLVAIN, se jetant devant la porte.

Oh! je ne vous empêche ni de partir ni de rester; si vous croyez que ça vient de moi, tout ce qui se manigance ici aujourd'hui, vous vous abusez! je n'y suis pour rien. Est-ce que j'ai à vous demander compte de vos idées, de votre passé, de votre conduite? Soyez tout ce que vous voudrez, je ne m'en embarrasse point.

CLAUDIE, avec résignation, sans bouger beaucoup tout le restant de la scène.

Qui est-ce qui vous prie de vous en embarrasser?

SYLVAIN, s'animant peu à peu.

Oh! c'est qu'on a dit des folies, des bêtises ici, tantôt; mais est-ce que je vous ai jamais dit un mot que tout le monde ne puisse pas entendre, voyons?

CLAUDIE.

Je ne l'aurais pas souffert !

SYLVAIN, même jeu.

Oh! je sais que vous êtes fière et vaillante ! c'est à propos dans votre position !

CLAUDIE.

Un honnête homme et un bon chrétien aurait pour devoir de ne jamais me parler de ma position, et, puisque vous n'avez pas le cœur de le comprendre, je vous défends de me dire un mot de plus.

SYLVAIN, marchant à grands pas.

Oh! je ne vous insulte pas, je vous plains !

CLAUDIE.

Gardez votre pitié pour qui vous la réclamera.

SYLVAIN, même jeu.

Courage! vous voulez qu'on vous respecte comme une sainte, pas vrai ?

CLAUDIE, lentement.

Le malheur qui ne se plaint pas a le droit de se faire respecter.

SYLVAIN, cachant ses larmes avec un peu de dépit.

Le malheur qui ne se plaint pas, à des fois, ça ressemble à la honte qui se cache. M'est avis qu'on aurait mieux respecté votre malheur si vous ne l'aviez pas si bien celé.

CLAUDIE.

Maître Sylvain, les pauvres ont besoin de travailler. On repousse une fille... dans ma position, comme vous dites, et, pour trouver de l'ouvrage hors de chez moi, je suis condamnée à me taire.

SYLVAIN, vivement.

Et à mentir !

CLAUDIE, hésitant.

A qui ai-je menti ? Personne ne m'a interrogée.

SYLVAIN, vivement, élevant la voix.

Si fait! moi, je vous ai interrogée ici, ce matin.

CLAUDIE.

Et je vous ai menti?

SYLVAIN.

Se taire, c'est mentir, dans l'occasion.

CLAUDIE.

Dans l'occasion! quelle occasion?

SYLVAIN.

Oui, quand on souffre l'amitié d'une personne à qui on ne veut point avouer ce qu'on est.

CLAUDIE.

Vous avez raison; mais, quand on ne souffre l'amitié de personne, on n'est obligée à rien envers personne.

SYLVAIN, suffoquant.

A la bonne heure! gardez donc vos secrets et vos amitiés! personne ne vous les demande plus. (On entend un bruit de voix.) A moins que ça ne soit Denis Ronciat!... car c'est sa voix que j'entends!

CLAUDIE, à part.

Denis Ronciat!... Mon Dieu! c'est trop pour un jour!

Elle tombe sur une chaise et reste atterrée. Sylvain s'assied, accablé, de l'autre côté près de la table, et affecte d'être indifférent à tout ce qui se passe.

SCÈNE VII

LES MÊMES, ROSE, DENIS RONCIAT, RÉMY, FAUVEAU, LA MÈRE FAUVEAU.

ROSE, entrant la première.

Eh bien, si vous voulez vous expliquer, ça se passera devant moi et devant toute la famille.

DENIS, la suivant.

Ça ne me fait rien, je n'ai peur de personne.

FAUVEAU, entrant avec Rémy.

Père Rémy, soyez calme! pas de bruit chez nous, hein?

Il va à gauche et s'assied sur le coin de la table; la mère Fauveau le suit

et s'approche de Sylvain avec inquiétude. Rémy se place derrière la
chaise de sa fille et la regarde sans rien dire.

DENIS, au milieu du théâtre.

Par ainsi, différemment, vous êtes étonnés de me voir.

ROSE.

Oui, car je vous avais prié de ne plus revenir. Vous avez
encore l'intention de faire du mal ; mais vous ne le ferez plus
en cachette, et les gens que vous accusez seront là pour se
défendre.

DENIS.

Si je reviens, malgré que vous m'avez chassé, comme je ne
reviens pas pour vous, la belle Rose, vous pouvez bien me
souffrir parler à ce vieux dans la demeurance à vos métayers...
Pour lors, je me présente dans des intentions... simplement
pour causer, à seules fins de s'entendre. Vous voulez appeler
tout votre monde en témoignage de ce que je vas dire, eh
bien, j'y donne mon consentement. Là ! y sommes-nous ?

FAUVEAU, de sa place.

Nous y sommes, sous la condition qu'on ne se disputera
point. Il y en a eu assez comme ça, aujourd'hui, des paroles !

RÉMY, très-calme.

Soyez donc tranquille, père Fauveau, c'est moi qui vous
réponds de M. Denis Ronciat.

DENIS, s'enhardissant.

Pour ça, vous avez raison, père Rémy !... Et tiens, mon
vieux, d'après ce que j'ai à te dire, nous allons nous entendre vitement, je l'espère.

Il lui frappe sur l'épaule.

RÉMY, raillant.

Ah ! vous me donnez du *tu*, monsieur Ronciat ? Vous me
touchez sur l'épaule ? C'est bien de l'honneur que vous me
faites !

DENIS, interdit.

Vous êtes gai, à ce soir, père Rémy ! Ça va donc mieux ?
J'en suis content !

RÉMY.

Ça va très-bien. Vous êtes bien honnête.

FAUVEAU, à part.

Ça va se gâter ! (De sa place, au père Rémy.) Dites donc, père Rémy... ne...

RÉMY, aux autres.

Souffrez-moi d'entendre ce que M. Ronciat me veut dire. J'attends ; y sommes-nous ?

DENIS.

M'y voilà ! écoutez bien. Différemment... je vous ai fait du tort, vous m'en avez fait aussi. Vous voulez me faire passer pour un sans-cœur. Vous faites bruit de votre histoire, ça se répand vite ! Vous voulez ameuter la population contre ma personne ; car, en revenant ici, j'ai trouvé toute la paroisse en émoi. « Ah ! coquin ! tu as fait chasser le père Rémy ; mais voilà la Grand'Rose qui le ramène en triomphe ! » Et les femmes me montraient le poing, et les enfants voulaient me jeter des pierres !... Tout ça, ça me donne du ridicule ! Vous m'avez fait congédier par la bourgeoise de céans, qui ne me voyait point d un mauvais œil...

ROSE.

Insolent ! vous vous trompez bien.

DENIS.

Oh ! ne nous fâchons mie ! Vous me voulez parler en public, je parle en public ! Différemment, je ne peux pas rester comme ça, père Rémy ! il faut en finir. Faut vous prononcer. Qu'est-ce que vous exigez de moi en réparation du chagrin dont je vous ai mortifié dans le temps ? Si la somme n'est point trop forte... on peut s'accorder.

RÉMY, toujours calme.

La somme ? Ah ! vous m'offrez de l'argent, monsieur Ronciat ? Et... à cause, sans être trop curieux ?

DENIS.

Voyons ! est-ce que vous ne m'entendez point ?

RÉMY.

Non! excusez-moi, je suis très-vieux; je sors d'une grosse
maladie; j'ai quasiment perdu la souvenance.

DENIS.

Est-ce un jeu, père Rémy? Vous ne vous souvenez-vous
plus de...?

RÉMY.

Je ne me souviens plus de rien, et je ne peux point accep-
ter votre argent sans savoir comment je l'ai gagné.

DENIS, troublé.

Gagné, gagné! je ne dis point ça! je sais bien que vous
n'avez jamais été consentant de ma sottise. Vous êtes un honnête homme, je ne vas pas contre. Vous avez cru que je re-
cherchais votre fille pour le mariage...

RÉMY.

Vous me l'avez donc demandée en mariage? la, sérieusement? en famille? avec parole d'honneur? Attendez donc
que je me souvienne!

DENIS.

Allons, allons! vous vous souvenez de tout et je ne prétends
pas nier. Oui, je vous ai donné parole de ma part et de celle
de mes parents... Mais je ne croyais pas vous tromper! Vrai!
je ne le croyais point! J'étais tout jeune, tout franc, tout
bête! J'étais amoureux et je ne me méfiais point de moi. Votre fille était une enfant, elle ne connaissait point le danger.
On allait ensemble, comme deux accordés, sans songer à mal.
Et puis voilà qu'on succombe sans savoir comment, on se
marie, le bon Dieu pardonne tout, et le mal n'est pas bien
grand.

RÉMY, avec reproche.

Le mal est grand quand le garçon n'épouse point. Ça
prouve qu'il a de bonnes raisons pour se dédire; et sans
doute que vous, honnête homme, vous avez connu que ma
fille ne serait point une honnête femme? Elle était coquette,

dites? Elle vous donnait de la jalousie? Elle écoutait d'autres galants?

Ici, Claudie se lève et prend la main de son père, qui semble la protéger et la fait asseoir tout en regardant Denis.

DENIS.

Non! je n'irai point contre la vérité, malgré que je vois bien que vous forcez ma confession. Le tort est de mon côté. Claudie... je le dis devant elle, Claudie était sage, elle n'écoutait que moi et j'étais aussi sûr d'elle...

RÉMY.

Comment! vous l'avez quittée sans sujet?

DENIS.

Sans autre sujet que la crainte de devenir gueux en épousant une fille qui n'avait rien.

RÉMY.

Ah! c'est vrai, elle n'avait plus rien. Cette tante riche dont elle devait hériter a pris fantaisie de se marier sur ses vieux jours... au moment où vous alliez épouser Claudie... et alors vous avez tout d'un coup changé d'idée. Je ne pouvais pas croire que ce fût là toute votre excuse; mais, puisque vous le dites...

DENIS.

Sacristi! c'est vous qui me le faites dire!

ROSE.

Et vous ne pouvez pas le nier.

DENIS.

Eh bien, mordi! bien d'autres auraient fait comme moi. Mes parents avaient de la fortune, mais ils travaillaient. Moi, on ne m'avait pas élevé à travailler. « Amuse-toi, qu'on me disait, t'es riche, épouse qui tu voudras; t'es fils unique. Tu seras bourgeois... » Eh bien, j'ai eu l'ambition de vivre comme ça... Je me suis dit, en vous voyant ruinés, qu'il me fallait, ou reprendre la pioche que mes parents n'avaient jamais pu lâcher, ou mettre la main sur une grosse dot pour me soutenir dans la fainéantise. Voilà mon tort, je le confesse; mais c'est comme ça. J'ai trahi l'amour pour la fortune, j'ai fait comme tant d'autres! Je me suis peut-être trompé, ma faute m'a porté nuisance et j'ai manqué plus d'un mariage. Voilà pourquoi j'ai quitté notre endroit et suis venu chercher femme par ici, avec l'intention de vous faire un sort aussitôt que j'aurais payé mes dettes. Mais, au lieu de m'y aider, vous m'avez traversé encore une fois. Finissons-en donc, demandez-moi ce que vous voudrez, et, quand on saura que j'ai réparé mon tort, on ne me rebutera plus par ailleurs.

RÉMY.

Vous êtes bien généreux, monsieur Ronciat, de vouloir contenter un homme capable de demander de l'argent en échange de son honneur, ou il faut que je sois bien avili pour que vous osiez m'en faire l'offre! (Faisant un pas en avant et s'adressant aux autres.) Braves gens, qui m'avez recueilli et assisté depuis la moisson dernière, dites-moi donc si, pendant que j'étais malade et peut-être hors de sens, je n'ai point fait quelque bassesse qui ait pu autoriser M. Ronciat à me faire un pareil affront devant vous!

FAUVEAU.

Oh! par exemple, non! vous êtes un homme bien respectable, j'en lève la main!

LA MÈRE FAUVEAU.

Et moi pareillement! Et votre fille est digne de vous.

ROSE.

Et il n'y a qu'un lâche qui puisse venir vous proposer de l'argent.

LA MÈRE FAUVEAU.

Ne les excitez point, dame Rose! le père Rémy couve une grosse colère.

Sylvain se relève brusquement, semble sortir de sa rêverie et reste les yeux fixés sur Claudie.

RÉMY.

N'ayez crainte, mère Fauveau. Je suis aussi tranquille à cette heure que je le serai au jour de ma mort. Ça vous étonne? Ça t'étonne aussi, maître Ronciat? Tu t'es peut-être souvent demandé pourquoi j'ai patienté cinq ans avec toi

5

pourquoi, moi, un ancien soldat, un vieux paysan encore rude
du poignet et plus fort que toi qui n'as jamais travaillé, je ne
t'ai pas mis sous mon genou pour te casser la tête contre une
pierre. Je veux bien te le dire, et me confesser à mon tour.
C'est que j'étais aveugle, j'étais injuste envers ma fille. Oui,
je lui faisais cette injure de croire qu'elle avait un restant
d'amitié pour toi. Je lui en demande pardon aujourd'hui. (Il
embrasse Claudie. — A Denis.) Mais j'avoue que plus elle te niait,
plus je m'imaginais que ses larmes versées en secret et son
éloignement pour l'idée du mariage provenaient d'une souvenance et d'un regret. Cent fois j'ai pris ma cognée pour aller
t'attendre au coin d'un bois ; cent fois, j'ai jeté ma cognée
derrière ma porte, en regardant ma fille qui disait sa prière
et qui, dans mon idée, la disait peut-être pour toi. Je n'ai
pas voulu venger ma fille, dans la crainte d'être odieux à ma
fille, voilà tout.

DENIS, ému.

Dame ! écoutez donc, père Rémy, si j'avais pensé que Claudie eût encore des sentiments pour moi... Mais elle m'a dit
elle-même ici, quand je l'ai revue à la gerbaude, qu'elle ne
m'aimait plus... et différemment... je ne pouvais plus lui rien
offrir.

RÉMY.

Elle disait la vérité, et je le sais, moi. Je le sais d'aujour-
d'hui seulement. Voilà pourquoi tu me vois tranquille, parce
que je me sens enfin libre de te punir.

FAUVEAU.

Père Rémy, père Rémy ! apaisez-vous !

DENIS, remontant un peu.

Eh ! laissez-le faire. Je ne me défendrai pas contre un
homme de cet âge-là. Je m'en irai plutôt !

RÉMY.

N'aie donc pas peur, Denis Ronciat. Je ne t'en veux plus.
Je t'ai cru méchant et je vois que tu n'es qu'un lâche. La seule
punition que je t'inflige, c'est celle de ma pitié. Va-t'en là-
dessus, malheureux, je te fais grâce. Va-t'en avec ton ambi-

tion et la paresse, avec ton argent et la honte de me l'avoir
offert.

FAUVEAU.

Ça, c'est bien! vrai! ça fait honneur à un pauvre homme de
pouvoir parler comme ça.

LA MÈRE FAUVEAU.

Oui, c'est bien, père Rémy, c'est bien.

ROSE.

C'est bien parler et bien agir.

DENIS, écrasé par tous les regards et se débattant contre la honte.

C'est donc comme ça? voilà le piége que vous m'avez tendu
pour mettre tout le monde contre moi? Oh da! il faudra bien
que je trouve un moyen de vous fermer la bouche!... je ne
sais pas encore ce que je ferai pour ça... mais j'y réfléchirai
et je trouverai quelque chose... à quoi vous ne vous attendez
pas... ni moi non plus!

Il se retourne pour sortir.

ROSE.

En attendant, vous allez trouver la porte pour sortir d'ici,
pas vrai?

DENIS, revenant.

Vous pensez me renvoyer comme ça, tout penaud, tout
écrasé, tout mortifié? Eh bien, c'est ce qui vous trompe, et
je vais vous montrer que je vaux mieux que vous ne voulez
bien le croire... Père Rémy, faites attention. Claudie, veux-
tu me dire que tu m'aimes toujours, que c'est pour moi que
tu as refusé d'en écouter d'autres... (mouvement de Sylvain), et le
diable me soulève si je ne me marie pas avec toi... (Un silence.)
Eh bien, Claudie, vous ne m'écoutez point? Je suis Denis
Ronciat et je vous offre ma main, foi d'homme! Ah çà! dé-
pêchons-nous pour que le diable ne m'en fasse pas dédire.

RÉMY, à Claudie, qui est restée comme pétrifiée durant toute
cette scène.

Ma fille, entends-tu? c'est à toi de répondre.

CLAUDIE, avec fermeté, se levant.

Mon père, pour épouser un homme, il faut jurer à Dieu de

l'aimer, de l'estimer et de le respecter toute sa vie. Et, quand on sent qu'on ne peut que le mépriser, c'est mentir à Dieu, c'est faire un sacrilége. Je refuse.

DENIS.

La, sérieusement?

CLAUDIE.

Je refuse.

ROSE.

Et j'en ferais autant à sa place.

RÉMY, à Denis.

Tu as offert une réparation, on l'a refusée ; maintenant, j'ai le droit d'exiger celle qui me convient.

DENIS, remettant son chapeau.

Ah ! nom d'une bouteille ! je ne vois pas ce que vous pouvez exiger de plus.

RÉMY.

J'exige que tu quittes le pays.

DENIS.

Par ma foi ! avec plaisir. Il y a longtemps que j'en ai l'idée. Différemment, je n'ai point envie d'être montré au doigt. Bonsoir, la compagnie! je m'en vas chez mon oncle Raton, à plus de trente lieues d'ici, et j'y ferai tout de même une bonne fin et un bon mariage (à Rémy), pourvu que vous ne veniez pas en moisson de ce côté-là. Promettez-vous de me laisser tranquille ?

RÉMY, le prenant au collet et le secouant un peu.

Je n'ai pas de conditions à recevoir de toi... Je te défends de jamais remettre le pied dans la paroisse, nulle part enfin où ma fille pourrait te rencontrer. Jure-le !

DENIS.

J'en jure (regardant Rose) et sans regrets !

RÉMY, l'éloignant du geste.

Que le bon Dieu te pardonne comme nous te pardonnons! Puisses-tu t'amender et réparer ta mauvaise conduite par une bonne. Maintenant, tu peux t'en aller... Adieu!

DENIS hésite pour saluer Claudie, qui ne le regarde pas;
il n'ose pas, et dit.

Adieu, père Rémy... (Remettant son chapeau, il sort avec un reste
d'aplomb.) Serviteur à tout le monde!

SCÈNE VIII

LES MÊMES, hors DENIS RONCIAT.

La mère Fauveau, inquiète de l'attitude morne et forcée de Sylvain, reste
auprès de lui. Rose s'approche de Claudie.

FAUVEAU, à Rémy, l'amenant sur le devant.

Diache! Savez-vous que c'est courageux, ce que vous faites
là, votre fille et vous, de refuser un mariage qui vous ren-
drait la bonne renommée?

RÉMY.

Oui, ça nous relevait dans l'estime des hommes; mais c'est
acheter ça trop cher, quand il faut mentir à Dieu, à sa propre conscience et à la vérité de son cœur. Nous sommes
chrétiens avant tout, père Fauveau.

FAUVEAU.

Et francs chrétiens qu'on peut dire! Tenez, c'est une fière
femme que votre Claudie et ça la relève assez d'avoir forcé,
sans dire un mot, son enjôleux à lui faire amende honorable.
Et vous, père Rémy, vous êtes un homme tout à fait comme
il faut. Savez-vous que j'ai eu grand tort à ce matin de vous
faire de la peine? j'en suis chagriné, vrai; et, si vous me
voulez croire, vous me baillerez la main... là, de bonne amitié!

RÉMY, lui serrant la main.

C'est de tout mon cœur, père Fauveau! de tout mon cœur,
entendez-vous?

FAUVEAU, s'apercevant que Sylvain les observe et les écoute avec
un commmencement d'agitation.

Parlons plus bas, c'est inutile de revenir là-dessus devant... ces enfants.

6.

RÉMY, sans baisser la voix.

Pourquoi donc ça? Si quelqu'un a eu une mauvaise pensée sur ma fille, ne voulez-vous point donner l'exemple du respect qu'on lui doit?

FAUVEAU, à demi-voix.

Oui, oui, ça viendra; mais, pour l'instant, faut de la prudence. Si vous voulez la marier un jour ou l'autre, faut pas tant ébruiter son malheur.

RÉMY.

Ah! vous croyez qu'elle ne mérite pas de rencontrer un honnête garçon qui regarde à la bonté de Dieu plus qu'à la rigueur des hommes?

FAUVEAU, avec intention.

C'est de la rigueur, si vous voulez... mais ça règne partout, et les parents regardent à ça, si les enfants n'y regardent point!

RÉMY, bas, en poussant Fauveau du coude et lui montrant Rose, qui est toujours près de Claudie.

Et pourtant madame Rose a fait parler d'elle plus souvent que ma fille. Est-ce qu'à cause de son bon cœur et de sa grande charité, un honnête homme ne pourrait pa l'aimer?

FAUVEAU.

Si fait! où voulez-vous en venir?

RÉMY, avec intention et toujours bas.

Et, comme elle est riche avec ça, il y a bien des parents qui voudraient, malgré le préjugé, la faire épouser à leur fils?

FAUVEAU, piqué et oubliant de parler bas.

C'est-il pour me blâmer que vous dites ça?

RÉMY, parlant haut.

Non! je ne pense qu'à ma fille, moi, et ce n'est pas à moi qu'il faut venir dire que les idées du monde peuvent prévaloir contre elle.

FAUVEAU, très-haut, avec colère.

Les idées du monde, c'est les miennes, et je ne veux point les démolir. (Appuyant sur ses mots.) Faut pas, parce que vous savez mieux parler que moi, chercher à me prendre pour une bête.

LA MÈRE FAUVEAU, se mettant entre eux.

Eh bien, eh bien! allez-vous point vous quereller à cette heure?

ROSE, de même, attirant Rémy à elle.

Qu'est-ce qu'il y a donc?

FAUVEAU.

Il y a que ce vieux-là est trop entêté de son orgueil.

RÉMY, se calmant et s'exaltant ensuite.

Mon orgueil? Non! ce n'est point ça, père Fauveau, vous ne me comprenez pas. Il est tombé, mon orgueil, je l'ai mis aujourd'hui sous mes pieds! J'ai rendu cet hommage au grand juge qui m'a fait retrouver ma force et ma raison comme par miracle au moment où ma fille outragée en avait besoin! J'ai été colère, j'ai été fou un moment. C'était la maladie qui se débattait en moi avec la guérison. Mais, un moment après, tenez! ma vue s'est éclaircie, et il m'a semblé, comme je m'en allais d'auprès de vous autres, que je voyais la vérité du ciel face à face. Alors, tous vos ménagements... et ma fierté à moi, mon orgueil, comme vous dites, tout ça se dissipait comme un brouillard devant le soleil du bon Dieu. Oui, Dieu est grand! Dieu est juste! Il veut que la justice règne sur la terre!

Le père Fauveau a repris sa place et garde le silence. Sylvain, qui s'est levé, vient s'agenouiller devant Rémy avec respect.

SYLVAIN.

Vous dites vrai, homme de bien! C'est pourquoi, mon orgueil, mon mauvais orgueil à moi, s'humilie devant vous. Je vous demande la main de votre fille, que vous m'avez enseigné à estimer comme elle le mérite. (Rémy lui fait signe que c'est à Claudie de répondre. — Sylvain, se levant à Claudie.) Claudie, pardonnez-moi, acceptez-moi pour votre soutien. Je vous aimais à en mourir, et, quand j'ai appris la vérité, ce n'était pas du blâme que je sentais. Non! comme Dieu m'entend! c'était de la jalousie, mais je ne serai même plus jaloux. Je n'ai plus

sujet de l'être. Fiez-vous à moi, je vous aimerai, et vous défendrai d'un cœur pareil à celui de votre père. Fiez-vous à
moi, je vous dis, je ne crains pas le monde, moi, et je saurai
faire respecter ma femme !

CLAUDIE, se tournant vers Sylvain.

Non, Sylvain ! j'ai juré de me punir moi-même, en portant
seule la peine de ma faute.

LA MÈRE FAUVEAU, allant à Claudie.

Claudie, c'est par crainte de nous déplaire que vous parlez
comme ça ; mais, moi, voyez-vous, je vous ai toujours sou-
haitée pour ma fille.

CLAUDIE.

Mère Fauveau, demandez-moi ma vie, c'est tout ce que je
peux vous donner.

ROSE.

Claudie ! c'est moi qui vous ai le plus offensée ici ! Faudra
t-il que je me mette à genoux ?

CLAUDIE.

Madame Rose, c'est moi qui me mettrais aux vôtres pour
vous remercier d'être si bonne ; mais ne me demandez pas
ce que je ne peux pas accorder.

Sylvain, désespéré du refus de Claudie, se jette sur le sein de son père.

FAUVEAU, vaincu, à Claudie.

Ma fille, c'est bien à vous de vous défendre comme ça ;
mais, par pitié pour vous-même et pour mon pauvre enfant,
fiez-vous à sa parole et à la mienne.

SYLVAIN.

Oh ! merci, père ! merci !

CLAUDIE.

Père Fauveau, je vous remercie, je vous respecte, je vous
aime, mais je ne peux point vous obéir.

SYLVAIN, pleurant.

Oh ! mon Dieu, mon Dieu ! elle ne m'aime point !

RÉMY, prenant Claudie par la main et l'amenant à lui.

Claudie, c'est à mon tour de te prier; refuseras-tu à ton père?

CLAUDIE.

Je ne peux pas accorder à mon père ce que j'ai juré à Dieu de n'accorder à personne.

RÉMY.

Eh bien, Dieu donne à ton père le droit de briser ton serment, et je le brise. Je t'ordonne de m'obéir et d'épouser cet homme juste.

Claudie chancelle et laisse tomber sa tête sur le sein de son père.

SYLVAIN, même jeu, de l'autre côté de Rémy.

Elle pâlit, elle souffre! elle me déteste!

RÉMY, soutenant sa fille dans ses bras, et s'adressant doucement à Sylvain, avec joie.

Non! elle t'aime, et la violence qu'elle se fait pour le cacher est au-dessus de ses forces. Mais je le sais, moi! elle a eu le délire en partant d'ici, elle a pleuré, elle a parlé! Voilà pourquoi je suis revenu!... (Élevant les mains.) Merci, mon Dieu! qui m'avez permis de ne pas mourir avant d'avoir donné un bon soutien à ma fille! (On entend une cloche lointaine. A Sylvain et à Claudie.) A genoux, mes enfants! (Aux autres.) Mes amis, à genoux! c'est l'*Angelus* qui sonne. (Il reste seul debout.) C'est l'heure du repos! qu'il descende dans nos cœurs, le repos du bon Dieu, à la fin d'une journée d'épreuves, où chacun de nous a réussi à faire son devoir! Demain, cette cloche nous réveillera pour nous rappeler au travail; nous serons debout avec une face joyeuse et une conscience épanouie. (Relevant les enfants. — Tous se lèvent.) Car le travail, ce n'est point la punition de l'homme... c'est sa récompense et sa force... c'est sa gloire et sa fête! Ah! je suis guéri et je vais donc enfin pouvoir travailler; je n'ai pas eu ce contentement-là depuis la gerbaude!

SYLVAIN.

Vous l'aurez encore... Nous moissonnerons ensemble, mon père.

RÉMY.

Oui, mon enfant! grâce rendue à Dieu, au travail et à votre bonheur... (Se redressant.) Je sens maintenant que je deviendrai centenaire.

FIN DE CLAUDIE

* 9 7 8 2 0 1 1 8 5 7 9 6 5 *